L'arte della Durezza

John Danen

Published by Jonh Danen, 2023.

L'ARTE DELLA DUREZZA

First edition. January 21, 2023.

ISBN: 979-8215686645

Written by John Danen.

Sommario

L'arte della Durezza

Come affascinare e trattenere le ragazze che si rimorchiano

Contatto.

SE VOLETE FARMI DELLE domande, pormi dei dubbi o ricevere dei consigli sulla seduzione, vi offro questo servizio di seduction coach. Offro anche corsi. Potete contattarmi attraverso questi link.

COLLEGAMENTI:

John Danen Seduzione oscura - [1]YouTube

TikTok di johndanen (@johndanen) | Guarda gli ultimi video di johndanen su TikTok [2]

John Danen Seduzione oscura | [3]Facebook

John Danen Seduzione oscura (@dark_seduzione) - Foto e video [4]di Instagram

---

1.   https://www.youtube.com/channel/UCUOsfiulxHrzWkdjkx6scJg

2.   https://www.tiktok.com/@johndanen

3.   https://www.facebook.com/0Dark000000

4.   https://www.instagram.com/dark_seduccion/

Introduzione.

Ho realizzato questo libro perché mi sono reso conto che, sebbene abbia scritto molto sull'argomento, non esiste un libro che vi guidi e tratti tutto ciò che riguarda la durezza. Ne ho parlato molto praticamente in tutti i miei libri precedenti. Ora voglio creare questo libro e usarlo come manuale su come comportarsi una volta che si è riusciti a rimorchiare una ragazza. L'atto di rimorchiare una ragazza è solo a metà, una volta che l'hai rimorchiata devi occuparti di lei. Questa è la parte in cui sorgono i problemi, in cui vi trovate da soli perché nessuno vi ha preparato per questo.

A causa di questa mancanza di preparazione, vi trovate di fronte a esperti della manipolazione senza conoscenze o armi e cadete nella loro trappola. Noi uomini siamo stati socialmente manipolati per mostrarci morbidi e avere un carattere gradevole, ed è per questo che spesso involontariamente, inconsciamente, finiamo per metterle in palio senza rendercene conto. È un errore assoluto che si paga caro.

Spero che attraverso questo libro possiate aumentare brutalmente la vostra durezza per indurire e affascinare e trattenere le ragazze che rimorchiate. Questo vi permetterà di dominare voi stessi e di non essere manipolati o ammorbiditi.

Se non praticate quest'arte, vi distruggeranno completamente e sarete i loro schiavi infelici, o peggio, finirete per entrare in relazioni che forse non volete nemmeno, per essere totalmente manipolati da loro e per fare di voi quello che vogliono.

Per essere veramente duri, bisogna conoscere bene la morbidezza. Chiunque abbia subito gli effetti devastanti della mollezza, e sia diventato così forte e tenace da raggiungere la vetta grazie ad essa, sa di cosa sta parlando.

Anche la durezza e la severità estrema e spietata non vanno bene. Dobbiamo praticare la durezza nella giusta misura.

Parte 1. La morbidezza

Gli uomini morbidi dell'antichità. I cavalieri medievali.

Se c'è un gruppo di persone che nel corso della storia si è particolarmente distinto per la sua abilità con la spada, è senza dubbio quello dei cavalieri medievali.

Non tutti, ovviamente, ma una buona parte di loro lo ha fatto. Sono caduti nell'esaltazione di un amore chiaramente ridicolo, che li ha portati fuori strada. Amore cortese.

Si sono messi a decantare la loro innamorata, che era una donna che spesso non li conosceva nemmeno, o che li aveva solo visti e non aveva nemmeno parlato con loro. Questa dama che desideravano veniva corteggiata in modo molto strano, ostentando la propria mascolinità, il coraggio e l'audacia, sfidando a duello chiunque non lodasse la loro amata. Spesso si mettevano su un ponte e non lasciavano passare nessuno se non riconoscevano la grande bellezza della loro amata. In questo modo, intendevano che le sue azioni arrivassero alle loro orecchie e che lei fosse conquistata. Questo è il modo più strano di conquistare che sia mai esistito. È come se si andasse in guerra per conquistare una ragazza. Poi gli altri le avrebbero raccontato le tue imprese e, vedendo quanto sei coraggioso, si sarebbe innamorata di te. Per quanto possa sembrare incredibile, è successo.

A trasmettere le gesta e i duelli di questi uomini c'erano i trovatori medievali, che erano i loro portavoce. Nelle corti si cantava della grande meraviglia che doveva essere la dama e delle grandi gesta del cavaliere.

Predicavano anche un amore casto e puro, rifiutando l'amore carnale. Questo amore casto era ciò a cui il cavaliere mirava senza pensare ad altro. Il rapporto tra il cavaliere e la sua dama si articolava in vari stati. La classificazione è la seguente.

Fenhedor[1]. Quello che non ha espresso i suoi sentimenti per la donna.

Predicatore[2]. Colui che li ha manifestati.

Comprensione[3]. La signora gli sorrideva o gli regalava degli indumenti. L'uomo era molto eccitato e pronto a uccidere chiunque.

Drutz[4]. Colui che ha culminato la relazione con un contatto intimo. Che cosa significhi è un'altra questione, potrebbe essere un semplice contatto fisico, come sfiorare la sua mano o una scopata[5] completa. Era normale, data l'idealizzazione dell'amore, passare la notte insieme senza toccarsi.

Assag[6]. Quelli che dormono insieme ma con una spada in mezzo.

In generale, il cavaliere medievale che praticava l'amor cortese cercava la cavalleria, il corteggiamento e soprattutto l'amore idilliaco senza contatto fisico, la castità totale. Quindi gli ultimi due sono stati meno utilizzati. L'ideale era morire per amore in qualche duello per la propria amata.

Avete mai visto qualcosa di più assurdo, più sciocco e più ridicolo di questo? Ecco cosa è successo.

L'amor cortese è un concetto letterario sorto nell'Europa medievale che esprime il rapporto tra l'amante e la sua amata in modo cavalleresco, paragonabile al rapporto di vassallaggio tra padrone e servo. In genere questo amore era segreto, perché l'amore di corte era un amore

---

1.   https://es.wikipedia.org/w/index.php?title=Fenhedor&action=edit&redlink=1

2.   https://es.wikipedia.org/w/index.php?title=Pregador&action=edit&redlink=1

3.   https://es.wikipedia.org/w/index.php?title=Entendedor&action=edit&redlink=1

4.   https://es.wikipedia.org/w/index.php?title=Drutz&action=edit&redlink=1

5.   https://es.wikipedia.org/wiki/Coito

6.   https://es.wikipedia.org/w/index.php?title=Assag&action=edit&redlink=1

impossibile. Questo amore si svolgeva nella mente del cavaliere e non si concretizzava quasi mai nella realtà. Questi sciocchi erano già felici e non aspiravano a scopare, baciare o altro. Questo amore cortese ebbe il suo massimo splendore nel XIII secolo, quando numerosi trovatori cantavano canzoni d'amore in tutti i regni cristiani d'Europa.

Questi trovatori avevano nomi curiosi come Marcabrú, Bernard de Ventadorn, o anche il re Alfonso "il Casto" componeva poesie come questa.

È l'amore di Don Chisciotte per Dulcinea.

In breve, una follia di proporzioni colossali. E questa follia è rimasta nella memoria collettiva come qualcosa di puramente buono e lodevole. Ha influenzato la società e permeato le menti molti secoli dopo, istupidendo gli uomini e mettendoli su piedistalli. È a causa di questi imbecilli che le donne ci hanno creduto. È grazie a loro che sono apparse la galanteria, la cortesia e tutte le espressioni di vassallaggio dell'uomo nei confronti della donna. Che favore ci hanno fatto!

Non tutti erano così, il primo, un uomo chiamato Guglielmo IX d'Aquitania (1071-1126), era un antico scopatore che veniva chiamato "l'intagliatore di fanciulle". Questo primo trovatore emerse in Occitania, nel sud della Francia. Il primo trovatore non era quello da biasimare per tutte le stronzate sulla galanteria, perché era un cazzone. Furono i trovatori successivi a non seguire il suo esempio e a iniziare a lodare le donne. Questo primo trovatore era un simpatico donnaiolo e scopatore. Come sono cambiate le cose con i suoi successori! Non è iniziata come pensavamo.

Le composizioni di Guglielmo IX avevano un tono erotico e carnale. Ebbero successo e divennero noti, e con loro si diffusero le poesie e le canzoni dei trovatori. Erano umoristici ed erotici. Sua nipote Eleonora d'Aquitania[7] fu la più importante promotrice del movimento, insieme a Maria di Francia[8].

---

7.   https://wiko.wiki/es/Leonor_de_Aquitania

8.   https://wiko.wiki/es/María_de_Francia_(1145-1198)

Di lì a poco apparve Marcabru, un altro trovatore dell'epoca, il quale affermò che le donne erano la principale fonte del male e l'istigatrice del diffuso adulterio a corte.

Quindi all'inizio era un movimento fantastico di simpatici scopatori misogini, ma è cambiato in casta. Ci deve essere stato uno sciocco molto sciocco che è stato il primo a lodarli.

Questi primi non li hanno affatto elogiati. Mi è molto difficile trovare questo primo trovatore, e dopo molte ricerche non sono ancora riuscito a scoprire chi sia stato il primo a lodare le donne. Ciò richiede una grande quantità di studio.

L'ho trovato, ma non ha un nome.

Su internet si legge.

"Un famoso menestrello (chi è il bastardo?) venne un giorno nel ducato d'Aquitania per cantare la gloria dei cavalieri nella loro lotta contro gli infedeli. La signora, totalmente annoiata da queste canzoni di guerra, sbadigliò.

Il menestrello, per attirare la sua attenzione, ebbe un'idea, decise di compiacere la signora cantando le sue virtù ed esaltandola. Questa signora, che si chiamava Eleonora d'Aquitania, nipote del menestrello, rimase incantata, ricompensò il menestrello e lo tenne al suo servizio. Questo tipo di canzone si diffuse rapidamente in tutto il sud della Francia e diede origine a quello che sarebbe diventato noto come amore cortese.

I candidati per questo primo sciopero sono.

Chrétien de Troyes 1130[9] - 1183[10]. È uno degli iniziatori della letteratura cortese in Francia, anche se dà conto del desiderio e della sessualità. Difficile essere questo.

---

9.   https://es.wikipedia.org/wiki/1130

10.   https://es.wikipedia.org/wiki/1183

Guilhem de Berguedan 1138[11] - 1196[12] fu un trovatore[13] aragonese nato nella contea di Catalogna. Neanche questo lo è, perché si dice che non rispettasse mogli e servitori. Un altro stronzo.

Martín Códax. Non ha fatto nemmeno quello, perché si è dedicato alle canzoni degli amici, non a quelle d'amore. Che bastardo nascosto!

Hendrik van Veldeke. 1150- [14]1190[15] La sua opera Eneit è nota come il primo romanzo giudiziario[16]. Potrebbe essere questo! Ma no, mancano delle cose.

Goffredo di Strasburgo. Morì nel 1215[17] e produsse l'opera più importante del suo tempo, "Tristano e Isotta", che è un'esaltazione dell'amore. È famoso ed esalta l'amore - grande candidato!

Bernart de Ventadorn. Nato intorno al 1130/1145 - morto intorno al 1190/1200. Era molto famoso. La sua residenza nella Provenza francese coincide anche con l'epoca e i contatti che ebbe con Eleonora d'Aquitania. Inoltre, tutte le sue poesie parlavano d'amore.

È lui che ha cantato cose da gentiluomo e a Leonor non sono piaciute? Che lo sia o meno, lo stigmatizzerò e lo renderò colpevole di tutto, ha, ha, ha, ha. Non è possibile, si stavano rendendo tutti ridicoli. Credo sia questo. Per tutte queste evidenze scommetto, seguendo il mio istinto, che questo è il primo trovatore dell'amor cortese. Il primo piacere. Il primo sciocco. Questa è la mia teoria. **Bernart de Ventadorn**, che pasticcio hai combinato, bastardo!

Le poesie dei trovatori erano canzoni accompagnate da violino, liuto o arpa. In queste poesie, la dama, totalmente passiva e spesso

---

11.   https://es.wikipedia.org/wiki/1138

12.   https://es.wikipedia.org/wiki/1196

13.   https://es.wikipedia.org/wiki/Trovador

14.   https://es.wikipedia.org/wiki/1150

15.   https://es.wikipedia.org/wiki/1190

16.   https://es.wikipedia.org/wiki/Novela_cortesana

17.   https://es.wikipedia.org/wiki/1215

sposata, era ricercata da un uomo di rango sociale inferiore che era totalmente al suo servizio e la divinizzava.

L'amante trascorreva la giornata astraendosi da tutto, in profonda meditazione, immaginando la sua amata, assente da ciò che la circondava. Questo è ciò che ci dicono gli uomini del tempo - che attrito!

Nel XV secolo questo fenomeno raggiunse il suo apice. Si chiama amore cortese perché si svolgeva a corte, è un amore non corrisposto che non cerca l'unione fisica. È un amore sofferente che non si aspetta di ottenere qualcosa di carnale. È un amore segreto e frustrato. È mistico perché l'amato è messo in un posto alto come Dio. È un'imbecillità!

Che assurdità!

I trovatori medievali avevano un precedente nei poeti romantici arabi, che potrebbero averli influenzati. C'era un re chiamato Almutabir, il re poeta. Ma non andrò oltre. A causa della sua abilità con la spada, persero la loro virilità e smisero di combattere come uomini duri, perdendo Al-Andalus, il loro gioiello. Boabdil di Melograno fu l'ultimo re moresco. Fu ridicolizzato dalla sua stessa madre per l'eternità quando gli disse che dopo aver perso Granada. "Piangi da donna per ciò che non hai saputo difendere da uomo".

Garcilaso de la Vega fu un altro che, quando tutto questo era passato, lo riportò in auge. Era un poeta spagnolo che adottò le forme dell'amor cortese qualche tempo dopo la sua comparsa nell'XI secolo. Nel periodo in cui visse, dal 1496 al 1536, compose diverse poesie un po' più vicine alla lingua di oggi, perché gli originali dell'XI secolo erano in un castigliano molto antico e difficile da capire. Questo può essere compreso e lo fornisco come esempio.

"Il tuo gesto è scritto nella mia anima
E quando scrivo di te desidero
L'hai scritto tu stesso, l'ho letto.
Solo che ti tengo ancora nascosto questo
Questo è ciò di cui sono e sarò sempre protagonista

Che anche se in me non c'è spazio per quello che vedo in te
Da così tanto bene che non capisco cosa non capisco penso
Dando già per scontata la fede
Sono nato solo per amarti
La mia anima ti ha ridotto a misura
Per abitudine dell'anima stessa ti amo
Quello che ho, confesso di doverlo a te
Per voi sono nato, per voi ho la vita
Per te morirò e per te morirò".
Ole tus huevos Garcilaso! È così che le persone sono ora.

Quelli morbidi dell'antichità. I Romantici del XIX secolo.

Questi, più vicini a noi, hanno fatto ancora più danni agli uomini di oggi. I romantici del XIX secolo e anche i post-romantici dell'inizio del XX secolo sono stati una vera spina nel fianco. Questi personaggi erano anche soliti esaltare le signore, perché cavalleresche, attente, amorevoli e innamorate, molto morbide, molto tenere, ed evidentemente le donne ne abusavano. Perché avere una specie di servo al loro servizio non faceva altro che incoraggiarli a crederci ancora di più e ad abusarne. Vediamo più da vicino questo movimento e uno dei maggiori esponenti del romanticismo, Gustavo Adolfo Bécquer.

Romanticismo.

Questo movimento esaltava la libertà dell'uomo dando priorità ai sentimenti. Era un modo di sentire la natura e la vita in modo sensibile. Vengono incoraggiate la creatività, l'avventura, la nostalgia di paradisi perduti e di epoche passate. C'era una ricerca dell'esotico, dello stravagante e del diverso. C'era un'ammirazione per il Medioevo e quindi per i suoi cavalieri cortesi e sciocchi. La poesia si sublima come grande modalità di espressione.

In breve, era un movimento nostalgico del passato che esaltava i tempi dei cavalieri medievali, con tutte le loro aberrazioni e ridicolaggini. Il romanticismo ha portato per gli uomini di nuovo la sottomissione, la servitù e la prostrazione davanti alle signore. Signore che si sono rialzate come se fossero principesse.

Vediamo cosa è successo a...

Gustavo Adolfo Bécquer.

Ho messo in rosso gli estratti di wikipedia commentati da me.

"Era un poeta[1] e narratore spagnolo[2] appartenente al movimento del post-romanticismo[3]. Sebbene abbia raggiunto un certo grado di fama durante la sua vita, dopo la sua morte ha raggiunto il prestigio di cui gode oggi. La sua opera più famosa è Rime[4] e leggende[5].

"Intorno al 1858 conobbe Josefina Espín[6], una bella ragazza dagli occhi azzurri, e iniziò a corteggiarla (alla vecchia maniera, con tutti i consueti corteggiamenti)"; ben presto, però, si accorse della donna che sarebbe diventata la sua irrimediabile musa, la sorella di Josefina e bellissima cantante lirica Julia Espín[7]. Gustavo si innamorò (diceva che l'amore era la sua unica felicità) e iniziò a scrivere le prime Rime (Mio Dio, che disastro!), ma la relazione non si consolidò mai perché lei aveva obiettivi più alti e non gradiva la vita bohémienne dello scrittore, che non era ancora famoso".

Qui vediamo fatti del tutto simili a quanto accade oggi, l'uomo, pur essendo molto tenero, aveva l'intenzione di sedurre e non si accontentò

---

1.   https://es.wikipedia.org/wiki/Poeta

2.   https://es.wikipedia.org/wiki/España

3.   https://es.wikipedia.org/wiki/Posromanticismo

4.   https://es.wikipedia.org/wiki/Rimas_(Bécquer)

5.   https://es.wikipedia.org/wiki/Leyendas_de_Bécquer

6.   https://es.wikipedia.org/w/index.php?title=Josefina_Espín&action=edit&redlink=1

7.   https://es.wikipedia.org/w/index.php?title=Julia_Espín&action=edit&redlink=1

di Giuseppina, provò con la sorella, ma fallì terribilmente, perché l'ipergamia esisteva già a quel tempo. Esisteva in tutti loro.

"Poi, tra il 1859 e il 1860, amò appassionatamente una "signora di corso e di gestione" di Valladolid[8]. Ma l'amante, chiunque fosse, si stancò di lui e il suo abbandono lo gettò nella disperazione".

Un'altra gaffe da parte sua, che ha fallito terribilmente e ne ha risentito. Colpito, no, molto colpito, ecco da dove viene la sua poesia, le sue strofe malinconiche di amore non corrisposto. Amici, che storia triste!

"Nel 1860 pubblicò "Cartas literarias a una mujer[9]", in cui spiega l'essenza delle sue Rime, che alludono all'ineffabile. In casa del medico che lo curava per una malattia venerea, conobbe la donna che sarebbe diventata sua moglie, Casta Esteban y Navarro[10]".

Oltre al poco che l'uomo poteva fare, era stato infettato da una gravissima malattia venerea, probabilmente da qualche prostituta, chissà, ma almeno aveva scopato!

Si sposò nella chiesa di San Sebastián[11] a Madrid il 19 maggio 1861 e da lei ebbe tre figli. Tuttavia, nel 1863 subisce una grave ricaduta della tubercolosi. Lavorava con il fratello Valeriano, il cui rapporto con la Casta non era buono, poiché lei non sopportava il suo carattere e la sua costante presenza nella casa.

Ecco, questa donna stava dando filo da torcere non solo a lui, ma anche al suo povero fratello. Entrò in casa, intromettendosi in tutto e schiavizzando entrambi con le sue richieste e recriminazioni. Hanno detto che era una donna volitiva, dominante e prepotente. Non è un caso che un uomo tenero sia caduto nelle reti di una donna simile. Per lei doveva essere un debole.

---

8.   https://es.wikipedia.org/wiki/Valladolid

9.   https://es.wikipedia.org/wiki/Cartas_literarias_a_una_mujer

10.   https://es.wikipedia.org/w/
        index.php?title=Casta_Esteban_y_Navarro&action=edit&redlink=1

11.   https://es.wikipedia.org/wiki/Iglesia_de_San_Sebastián_(Madrid)

"Nel 1866 Casta gli fu infedele e a dicembre nacque a Noviercas il loro terzo figlio, Emilio Eusebio, dando origine alla loro tragedia coniugale, poiché si dice che quest'ultimo figlio fosse figlio dell'amante di Casta".

Grazie al cielo si chiamava casta! Questo è ciò che accade quando si mostra un carattere bisognoso e morbido.

"Forse a causa di un raffreddore invernale nella prima metà di dicembre, il suo stato di salute già precario peggiorò e morì il 22 dello stesso mese. Che Dio lo protegga.

Che cos'è la morbidezza?

La morbidezza è la tendenza naturale di noi uomini a essere colpiti dalle qualità attraenti delle belle ragazze, in modo che questa affettazione condizioni il nostro modo di pensare e le nostre azioni, rendendoci gradevoli, bisognosi di vederle, eccessivamente disponibili, eccessivamente educati, eccessivamente devoti a loro. Questa morbidezza nasce nella nostra testa e ci fa perdere la nostra mascolinità e attrattiva.

Non possiamo cambiare il nostro modo di pensare a seconda della ragazza che scegliamo ed essere duri con una ragazza che non ci piace e morbidi con una ragazza che ci piace, dobbiamo essere ugualmente duri con entrambe. Non fate distinzioni. Questa morbidezza deriva ovviamente dalla sua bellezza, dai suoi gesti, dai suoi sguardi, da qualcosa che ci attrae e ci fa provare emozioni che ci portano a innamorarci. Questo è terribile e catastrofico per le nostre possibilità di sedurli. Non appena la mollezza ci attacca, le nostre opzioni sono rovinate.

Può apparire solo stando con lei, senza baciarla o altro, questa sarebbe la morbidezza più grande di tutte. Quanto più precocemente appare, tanto maggiore è la morbidezza. Se si presenta dopo che sei andato a letto con lei, sei stato molto più duro che se si presenta solo la prima volta che la vedi.

Questa morbidezza non è colpa dei gentiluomini o della programmazione della società, ma è qualcosa di interno alle nostre emozioni. È naturale, per questo è molto difficile da sradicare. Se la ragazza ci tocca le corde del cuore, ci fa battere il cuore, ci fa entusiasmare per la sua bellezza, per la sua voce, per i suoi movimenti o per qualsiasi cosa la riguardi, allora, a poco a poco, cadremo sempre più nella mollezza e saremo uomini senza carattere o personalità che diranno sì a tutto. La molesteremo fingendo di incontrarla, inviandole messaggi, dicendole cose lusinghiere e fregandola completamente con il nostro desiderio di vederla.

La morbidezza è l'ammorbidimento che si verifica quando ci comportiamo in modo bisognoso nei confronti di una ragazza molto bella e attraente. Non ha colpa se ci maltratta, perché si vede superiore, sa che ci ha portato lì, affascinati, entusiasti, desiderosi di vederla.

Un uomo così facile da conquistare non rappresenta una sfida per lei, né esercita alcuna attrazione su di lei. Deve vedere in noi cose che la emozionano e che le fanno sentire quella morbidezza. Abbiamo un'arma potente che consiste nel proiettare la nostra enorme attrattiva e ottenere la morbidezza per attaccarla. Nonostante abbia molti altri uomini, noi siamo i più attraenti e ricercati da lei. Più avanti spiegherò come combattere questa morbidezza ben combattuta.

Che cos'è la grande morbidezza?

La grande morbidezza è quando facciamo azioni bisognose, lusinghiere e di aiuto, quando mostriamo nella nostra testa uno status inferiore a lei, che lei coglie rapidamente. Ciò che differenzia la morbidezza dalla mollezza è che questo fenomeno si verifica con qualsiasi ragazza che non sia bella e attraente. Questo è molto più grave della morbidezza, che è più naturale, perché è normale che siamo fortemente attratti da una ragazza molto bella.

La mollezza deriva o da un brutale bisogno di affetto, o da una solitudine mal gestita, o dal non saper stare da soli, o da un carattere fortemente dipendente e bisognoso. Fa sì che chi la commette venga respinto dalla ragazza che sta cercando di sedurre. Se un uomo viene ammorbidito da una donna, cioè se viene ammorbidito, è molto grave, perché quell'uomo è fuori di testa. Se non è necessaria una bella ragazza per eccitarlo, è disposto a conquistare qualsiasi ragazza.

La dolcezza è tipica degli sciocchi, delle mezze calzette e degli orsacchiotti che sono sempre bisognosi e servizievoli di fronte a donne brutte, poco attraenti o sgradevoli. Sempre lodando, sempre compiacendo.

La morbidezza è qualcosa che è lì nella sua testa, incisa nel fuoco. È sempre stato presente attraverso le influenze attenuanti delle cose che vede, legge o sente. Le cose a cui è stato esposto hanno programmato la sua mente. Se la morbidezza viene da loro, vuol dire che sono fuori di testa, perché qualsiasi donna li eccita, cosa che trovo molto difficile da capire.

La soluzione di entrambi sarà fornita nel corso di questo libro.

In che modo
danneggiano entrambi?

Sono molto dannosi, perché la valutazione della ragazza su di noi sarà molto negativa. Senza dubbio la ragazza penserà che siamo brave persone, degne di lode per la nostra attenzione e cavalleria, ma non ci troverà attraenti.

Ci vedrà come un suo servo, qualcuno desideroso di compiacere, qualcuno sottomesso e gentile, qualcuno che la idolatra. Una persona che è molto al di sotto di lei. E nonostante tutte queste attenzioni e valutazioni, saremo una persona poco attraente. Non saremo una sfida, non un vero uomo.

La virilità è nella testa, non nei muscoli. Un ragazzo forte e bisognoso perderebbe in un combattimento contro il cattivo, perché quest'ultimo ha l'astuzia e la fiducia in se stesso che l'altro ragazzo, sebbene più forte, non ha.

Non è attratta dai molli, o dalle molli, perché non vede in loro un vero uomo. Vede un uomo inferiore per il quale lei è il premio, un uomo che, a prescindere dal suo fisico, è di scarso valore a causa del suo carattere bisognoso. Potrà avere successo solo se le piacerà nonostante i suoi terribili errori. In questo caso sarà scelto per altre qualità a cui lei dava più importanza rispetto a questi gravi difetti. A volte si tratta di interesse economico, a volte di semplice conformismo, a volte di desiderio di non essere danneggiati da ragazzi cattivi, a volte perché è visto come un uomo paterno. Vale a dire, adatto a diventare padre. Non ne sarà entusiasta, ma potrebbe valerne la pena.

Essere molli o mosci è un enorme handicap e se non è attratto da questioni strategiche, essere molli o mosci non vi darà la possibilità di avere successo con nessuna di esse.

Questo carattere bisognoso rovina i bei fisici e anche se siete un superfusto non sarete in grado di attrarre le ragazze.

Il corpo vale poco se le cose sono fatte molto male.

Attrazione chimica.

Una parte importante della morbidezza non è affatto colpa vostra, ma deriva dall'attrazione chimica. Questa attrazione chimica è prodotta dai feromoni. Quando si sta con una ragazza e si nota che il suo odore piace molto, si verifica una sorta di aggancio chimico e si diventa dipendenti dai suoi feromoni. È terribilmente difficile da superare, perché si tratta di un aggancio chimico che ti porta ad avere bisogno di stare con quella persona per sentirti bene. È l'unico tipo di morbidezza che non si supera facilmente.

Quando siamo con quella persona ci sentiamo benissimo, sentiamo il suo profumo e ci sentiamo sempre più attratti da lei, e non c'è assolutamente nulla che si possa fare per evitarlo.

La natura stessa ha creato questo legame, e per un motivo. Avete il vantaggio che questo è stato creato dalla natura stessa per formare coppie sessualmente molto compatibili.

Non possiamo combattere contro la natura.

Se questo accade a voi, allora lei è un partner ottimale per voi, almeno dal punto di vista ormonale e chimico. Se siete legati chimicamente, sarete attaccati a lei anche se si comporta in modi che non vi piacciono, e farete ogni sorta di cose dolci.

Ma va bene così, perché la situazione è reciproca e lei sta allo stesso modo o peggio di voi. Se si tratta di una persona che vi piace, forse dovreste dedicarvi alla relazione, perché la natura vuole così. Ma se è una persona dal carattere sgradevole, o se non vi piace qualcosa di lei, dovrete lottare con tutte le vostre forze per staccarvi da questa specie di droga chimica che vi lega a lei.

È come la scimmia di cui soffrono i tossicodipendenti.

Una buona soluzione è quella di uscire con altri e valorizzarli più di questo. A volte non basta, perché l'attrazione chimica è molto forte e solo questa è sufficiente per voi. Almeno ci si distrae un po' e si diventa indipendenti. Forse siete attratti chimicamente da uno degli altri e alcuni feromoni contrastano gli altri e siete liberi di rimorchiare.

Se è molto attraente, bisogna contrastarla con due, tre o quattro, a seconda di quanto si è intrappolati.

Per disintossicarvi dovrete stare un mese senza vederla, dopo di che il ricordo dell'effetto chimico svanisce e con esso la dipendenza dal vederla e dallo stare con lei. Starai bene finché non la vedrai. Ma l'attrazione è ancora presente. Dovranno passare sei mesi prima di essere liberi al 100%.

Se la rivedrete prima che siano trascorsi i 6 mesi, sarà disumanamente difficile per voi, sentirete il suo odore e impazzirete, perché vi renderete conto che è di lei che avete bisogno, di lei. Sarete più cattivi che mai, ricorderete tutto in modo ideale e romantico e una morbidezza estrema, immensa e inarrestabile si impadronirà di voi. Sarai incasinato, ma bene, bene. Farai cose del tutto morbide come chiederle di tornare e ti umilierai senza dignità per lei. Perderai il culo per lei e ti renderai ridicolo. Ti vedrà malissimo e per fortuna ti sacrificherà, perché vederti così non è quello che vuole nemmeno lei. Non cadete mai in questa situazione. Non vedetela più e se per caso la incontrate, scappate o cadrete nella più estrema mollezza. Questi saranno i momenti peggiori della vostra vita, quindi evitateli.

Non vederla più, perché se la rivedrai in questi 6 mesi di guarigione, quella dipendenza chimica spunterà di nuovo, più forte che mai, e ti sentirai una merda senza di lei. Devi stroncare la cosa sul nascere se lei non è davvero la ragazza che vuoi.

Ma se lei è simpatica e piacevole, almeno temporaneamente, dovreste lasciarvi andare a una piccola relazione e godervi lo sballo che dà l'amore. Se lotti sarà peggio, devi fluire e arrenderti. Non potete sempre flirtare all'infinito, la vita vi ha messo lì per un motivo e dovete anche fluire andando verso l'opposto di quello che volevate, cioè flirtare senza impegno. Per flirtare davvero dopo, bisogna cedere adesso.

Una volta superato l'apice della storia d'amore, un giorno, prima o poi, smetterete di sentire queste sciocchezze e potrete continuare a scopare in tutta tranquillità.

Resistere a questa attrazione significa fallire, perché ciò che farete sarà essere attratti sempre di più e soffrire terribilmente. È necessario intossicarsi completamente, e una volta ben intossicati gli effetti di questa attrazione chimica passeranno per pura overdose. È più veloce uscirne arrendendosi che combattendo. Credetemi, molto presto, molto prima di quanto pensiate, questa dipendenza sarà scomparsa e potrete continuare il vostro cammino più forti e più saggi che mai.

Io la vedo così: se si cade nell'attrazione chimica si è caduti in un fiume. Non dovete lottare contro la corrente, perché questo esaurirà le vostre forze e alla fine, a causa di tante lotte, scoppierete e annegherete, cadendo in una profonda infatuazione e in una totale mollezza. Per combattere questo fiume che vi trascina, dovete lasciarvi andare, esporvi ad esso; presto vedrete tutte le sue assurdità, i suoi difetti, le sue stronzate e quale corrente vi porterà placidamente a riva, in pochissimo tempo vi verrà voglia di flirtare di nuovo. Flirterete e uscirete da questo fiume che vi ha trascinato con grande facilità. Questo è ciò che dovete fare.

È come un fumo che svanisce, è come pensare di essere innamorati e poi rendersi conto di averlo superato in un attimo. Se si entra nella relazione in un paio di mesi al massimo passerà, ma se si combatte contro di essa si possono passare anni fottuti nella testa per non essersi dati e non aver goduto anche di questo.

Se decidete di non vederlo, ne uscirete anche voi, ma molto più difficilmente. Soffrirete di più e la idealizzerete per anni, la ricorderete come una meraviglia. È quello che ti succede perché non sei stato coinvolto nella relazione. Se vi fate coinvolgere, alla fine la ricorderete come una seccatura che ha rovinato qualche mese, a volte solo settimane, con una relazione stupida, e lei non trascenderà più e voi non la ricorderete più.

Non temete, gettatevi nel fiume e ne uscirete facilmente.

Questo aumenterà la vostra saggezza, perché non si tratta solo di flirtare. Dovete inghiottire l'insopportabile noia di una relazione, vi renderà più duri e distaccati che mai.

Se siete nel fiume, nella relazione, ci state da 6 mesi e non avete ancora voglia di flirtare, allora la ragazza vi ha scoperto. Ormai dovreste aver capito che non vale la pena sprecare altre occasioni. In questo caso hai due opzioni: o rimani bloccato lì a tempo indeterminato, o la lasci e ricominci a flirtare, anche se è difficile. È più difficile restare e perdersi infinite esperienze di cui godranno gli altri, non voi.

Se rimani con lei, puoi tradirla ed essere lì, lì, tra l'essere un flirt e l'essere un fidanzato. Farete entrambe le cose male o almeno regolarmente, perché non potete dedicarvi completamente a una delle due cose, ma è quello che fa la maggior parte delle persone.

Lei vi raggiungerà e il vostro flirt diventerà sempre meno, man mano che vi sistemerete e farete sempre meno sforzi. Se è molto viziata e vi lascia libertà, in alcuni casi potrete rimanere così per molto tempo con relativamente pochi problemi.

Un altro modo più potente per sfuggire a questa attrazione chimica è quello di scopare la propria ragazza come una pazza in modo dominante e pornografico. Alla fine lei sarà più attratta da te che da te. Grazie a questo, sarà lei ad ammorbidirsi. Questa tecnica va praticata insieme al lasciarsi andare al flusso e si uscirà dall'incantesimo molto rapidamente.

Fate attenzione anche a ciò che dite e fate. Osservatevi con obiettività, se vedete qualcosa che non vi piace di voi stessi, scappate. Renditi il più attraente possibile, alla fine sarà lei a fare storie e le sue storie ti faranno scappare.

Morbidezza mentale.

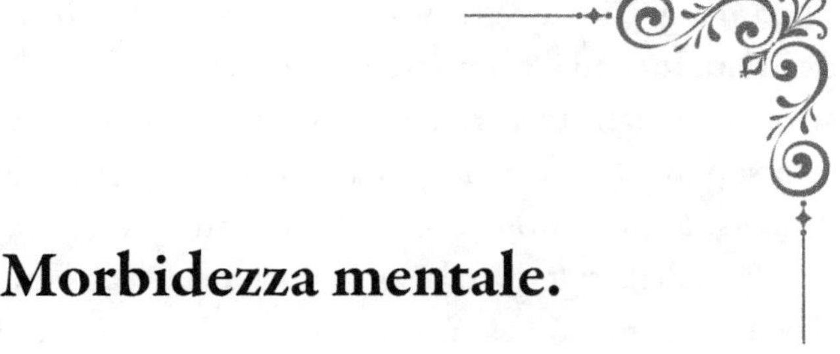

Questo tipo di morbidezza è molto più facile da distruggere rispetto a quella precedente. La mollezza mentale è stata prodotta dalla nostra mente, spesso da idee che ci sono state inculcate e che non sono nemmeno i nostri pensieri. Poiché si tratta di un costrutto mentale e non comporta attrazione chimica, può essere facilmente distrutto attraverso il ragionamento.

Una persona è mentalmente molle se pensa di essere il premio, di essere una meraviglia, di essere degna di ammirazione. Tutte queste idee sono state messe in testa alla gente avendo origine dai trovatori medievali, poi sono passate ai loro continuatori romantici e infine hanno trovato la loro strada in film, serial, canzoni, galanterie e altre stronzate servili, e così è arrivato a voi.

Forse ignoravate tutto questo, ma ora lo sapete.

Se vivete in America Latina, dove non esistevano cavalieri medievali, questo vi suonerà strano. Sono stati gli spagnoli a portare questa assurdità della galanteria nelle loro teste, l'hanno trasmessa anche qui e si è diffusa attraverso le generazioni, permeando tutto.

Gli spagnoli l'hanno presa dai francesi, quindi non è nemmeno colpa loro, la colpa è del primo sciocco che ha iniziato a venerare le donne come se fossero una meraviglia. Questo non è accaduto a Roma, né in Grecia, né in altre civiltà antiche.

Un trovatore che annoiava la signora raccontando le imprese di battaglia voleva piacere, voleva avere successo e guadagnare più soldi. Pensò di cantare della sua bellezza per conquistare il suo favore. Ci è riuscito e, grazie a questo atto, è successo quello che è successo. **Bernart de Ventadorn** fu il primo trovatore a tesserne le lodi. A causa di questo atto, di cui egli stesso non è realmente responsabile, in quanto voleva solo sopravvivere meglio, è stata creata in seguito un'intera scuola di pleasers. Man mano che si compiacevano, esageravano sempre di più il fascino della signora e la sottomissione dell'amante, e ciò che doveva essere iniziato come uno scherzo e una cosa divertente, finì per diventare reale dopo poco tempo.

Questo sconvolse le menti degli uomini dell'epoca e trascese il tempo e lo spazio, permeando l'intera cultura occidentale. Di conseguenza, noi esseri umani abbiamo sofferto molto. Questa assurdità è diventata popolare ed è allora che abbiamo perso la posizione di vantaggio che avevamo prima.

La mollezza mentale si combatte con le idee. È necessario interiorizzarle bene. Per scacciare le mollezze mentali che vi bloccano e vi impediscono di brillare, riflettete attentamente su ognuna di queste frasi. Interiorizzateli e agite sempre in questa prospettiva. Succede quasi sempre come vi dico qui.

È solo un'altra sciocca presuntuosa. Questa è tutta la verità, basta guardare i suoi social media per vedere tutta la sua superficialità e l'estrema ignoranza di tutto.

È una bambina che non sa nulla. Vive solo per il suo narcisismo.

Il suo unico merito è quello di essere sexy. E non solo, è nata così.

Poiché non ha grandi qualità morali, non ha bontà, non ha virtù, dovrebbe essere sexy!

Se le do potere compiacendola, mi renderà schiavo. I poveri uomini che le hanno sposate lo sanno. Sono in vita.

Hanno fatto molto male agli uomini nel corso dei millenni, molti uomini buoni hanno sofferto per amore, ditelo a Becquer!

Se mi ci affeziono, perdo la mia libertà e la mia essenza. Lei prenderà il controllo di tutto e io sarò solo il suo servo come un trovatore medievale.

La galanteria e l'eccessiva attenzione sono la mia dichiarazione di inferiorità che mi sottomette e mi mette sotto i suoi piedi.

Non esiste un uomo protagonista. Si tratta di un costrutto di romanzi e film. I cosiddetti galanti sono uomini duri, distaccati e indipendenti. All'esterno possono essere galanti e trattarli bene, ma all'interno ognuno di loro sa quello che ha, egocentrico, prepotente, spesso superficiale, non competente, infantile, capriccioso e ignorante. Sanno come trattarli e come conquistarli. Con la loro durezza, con le loro assenze, con la loro affascinante attrattiva senza vergogna li conquistano, mai con la galanteria!

Non lasciatevi condizionare dalle farneticazioni di nerd medievali vergini. I più stupidi idioti di tutti i tempi non possono imporre come dovrebbero essere le cose. Fatevi guidare dai maestri della seduzione, fatevi guidare da me.

Pseudo-allenatori di seduzione.

Ogni sedicente coach di seduzione che parla di galanteria e buone maniere come tecnica di seduzione, o che parla semplicemente di fare del bene, o di altruismo e non ti dice tutte le cose brutte che hanno, ti sta prendendo per il culo. Vi sta rendendo un cattivo servizio. Quegli allenatori scadenti dovrebbero comprare una lira o un liuto e iniziare a comporre poesie per la loro amata.

Hanno letto la psicologia e parlano in base a ciò che hanno scoperto gli altri, non in base alla loro esperienza personale.

Che si facciano da parte e guardino bene come fanno quelli di noi che sanno davvero come fare le cose. Ci sono quelle vittorie che ci sostengono. C'è la nostra mostruosa produzione di flirt. Questi ragazzi, cosa hanno raccolto?

Le vostre assurde
infatuazioni.

È arrivato un momento difficile. Il momento in cui dovete riflettere su come è stata la vostra vita fino a questo momento. È il momento di ricordare le vostre cotte assurde e il modo in cui vi hanno danneggiato.

Di solito verso i diciotto o i vent'anni appare una ragazza che ci fa innamorare e ci indebolisce terribilmente, inoltre questo amore romantico ci attacca a causa della nostra ingenuità, della disinformazione e di tutta la programmazione mentale che si subisce, siamo molto puri e innocenti in quel momento e questo viene ricordato per molti, molti anni come qualcosa di meraviglioso.

È successo che ha sprecato alcuni anni della vostra vita che avreste potuto spendere per flirtare. Molte volte si collega una fidanzata con un'altra e si può passare un intero decennio o due senza uscire sul mercato, con l'esperienza che si è fatta quando si aveva quasi 20 anni. Saprete molto sulle relazioni, ma sarete deboli quando si tratta di flirtare.

Le vostre assurde cotte vi hanno reso:

Ti sei divertito molto quando eri con loro e tutto andava bene.

Quando le relazioni si rompono, si passa un momento terribile.

Siete diventati loro schiavi e avete sofferto terribilmente.

Avete trascorso un periodo di tempo perso, amaro, sentendovi una vittima, un uomo disprezzato che è stato ferito e ha trovato difficile aprirsi di nuovo all'amore.

Hanno fatto in modo che le brave ragazze successive pagassero per i danni fatti da queste prime fidanzate che ti hanno lasciato tutto incasinato.

Tra il tempo trascorso con loro e quello necessario per riprendersi completamente, si sono persi molti anni in cui si sarebbero potute incontrare belle ragazze e lasciarle subito dopo, divertirsi senza entrare in una relazione e soffrire stupidamente.

Hai smesso di avere esperienze con altre ragazze e questo ti provoca una certa mancanza di autostima, perché vedi che gli altri sono stati con molte più ragazze di te e puoi sentirti invidioso o inferiore.

In alcuni casi molto gravi può accadere che non si riesca a superare la situazione e si vada subito da uno psichiatra, o che si diventi molto depressi, o che non si sia più gli stessi a causa delle cose brutte che si sono passate.

Questo non ti accadrà mai se sei un seduttore e vai a letto con le ragazze senza legami. Solo chi è troppo molle o viscido viene fregato dalla sua interazione con loro come seduttore.

Ma non lamentiamoci troppo, quello che è successo era quello che doveva succedere perché la vita scorresse. Grazie a ciò si raggiunge quello stato di durezza necessario per potersi relazionare bene con loro.

Nella vita non ci sono scorciatoie, tutto si impara prendendo colpi. È necessario prendere grossi colpi al momento giusto per potersi forgiare bene. Chi non subisce colpi è un codardo che non rischia mai e quando subisce un colpo, questo sarà definitivo e non si riprenderà. Per quanto si cerchi di evitarlo, arriverà.

Questi sciocchi schiacciamenti giovanili sono come il fabbro che forgia l'arma con il martello. E così vi presentate un po' prima dei 30 anni come una macchina di seduzione. Un terminator d'amore, e iniziate a far esplodere il mercato con il vostro enorme potere.

È esattamente quando le persone si sposano tra i 26 e i 29 anni. È proprio quello il momento in cui iniziano il loro viaggio nel mondo della seduzione. Quando si è fatta l'esperienza e i colpi duri e si è davvero pronti, è allora che si va in pensione. Quando il bello stava per iniziare, si sono ritirati. Hanno preso il male ma non il bene. Bisogna perseverare!

A volte, dopo enormi fallimenti, improvvisamente tutto cambia. Grazie a questi fallimenti la vostra mente cambia e diventate davvero duri e competitivi. Dobbiamo essere grati per tutti i successi e i fallimenti. Proprio questi tremendi fallimenti sono i vostri costruttori e i vostri maestri. Tutto ciò che vi accade è necessario. Non resistere al fallimento e alla vittoria.

Il fallimento è il seme della vittoria, non c'è mai vittoria senza un duro apprendimento. Mai senza una lunga lista di terribili fallimenti precedenti.

Anch'io farò una poesia.

Ode alla durezza.

La vostra assurda infatuazione vi ha indebolito.

La morbidezza è emersa

La tristezza ti ha assorbito

Ma grazie a loro

Sei stato davvero forgiato

E ora solo la durezza

È nella tua testa

E con questa attitudine irriverente

Andate in giro per il mondo

Catturare le loro menti

Diventate indipendenti

E autosufficiente

E sei un grande giocatore.

La programmazione
mentale della morbidezza
da parte della società.

Non bisogna essere molto intelligenti per capire che la società programma gli uomini ad essere morbidi. Come ho già detto, la colpa è dei cavalieri medievali.

Basta guardare i film romantici in cui la ragazza è sempre il premio e in cui si enfatizza l'idea che la cosa più bella sia avere una relazione formale. Ci sono persino alcuni film in cui si dice che bisogna sposarsi prima dei 30 anni, dando l'idea che chi rimane single oltre i 30 anni è un povero sfortunato fallito della vita. Niente di più sbagliato, è lì che inizia la festa.

Per non parlare delle canzoni, in cui i teneroni smielati vanno in giro a piangere sulle loro disgrazie, a sentire la mancanza del loro amore, a lodarlo e a dire vere e proprie aberrazioni come -senza di te non sono niente- e cose del genere, così morbide da risultare vomitevoli.

È nell'interesse della società allevare uomini come questo, molli, ottusi, conformisti, conformisti, ottusi. Uomini facilmente manipolabili dalle élite.

Hai sentito queste stronzate per tutta la tua fottuta vita, da quando sei nato fino ad ora. È ora che vi rendiate conto che le cose stanno così e che continuerete a sentirle fino alla morte, ma almeno sarete consapevoli che stanno cercando di programmarvi e vi opporrete.

I romanzi rosa, grazie al cielo, non li ho mai letti in vita mia, ma la verità è che posso facilmente immaginare come siano. Anche loro sono programmate, quindi fanno credere loro che devono ottenere il loro principe azzurro, il loro grande cavaliere medievale.

Oserei dire che questa programmazione è qualcosa di intenzionale che cerca di limitare l'accesso alle donne. Rendendo tutti gli uomini morbidi e sposandone rapidamente uno, si assicurano che dopo i 30 anni ci siano solo loro, i programmatori, a beneficiare di tutte, e la vita è molto lunga. I pochi che non sono stati in grado di essere programmati, fanno molto sesso. Non commettono queste imbecillità. È una teoria che ho appena inventato.

Il fatto è che tutto, assolutamente tutto, dalla chiesa, alla scuola, ai film, alle canzoni, ai romanzi, tutto incoraggia l'insipidezza più estrema. Ecco perché bisogna prestare attenzione a ciò che si ascolta mentre si parla o a ciò che si vede in TV. Bisogna eliminare queste influenze spesso subliminali, non ascoltarle. È molto importante temprarsi ascoltando la musica dei duri.

Rammsteim, Einsbrecher, Marilyn Manson o quello che volete. Ma che siano persone che non lodano l'amore. Sebbene Marilyn Manson sia a volte tenero con le donne, a volte molto duro, è difficile classificarlo. Almeno la sua musica è potente e non ti porta alla mollezza.

Avere esempi di mascolinità e durezza e cercare di essere come loro. I duri sono difficili da trovare. Ci sono molti grandi esempi di duri e di arruffapopoli, guardate queste persone e non lasciate che vi bombardino la testa con ridicole mollezze.

Il peggior morbidezza.

All'interno della morbidezza ci sono anche dei livelli, c'è chi è leggermente morbido e ne è consapevole, fino a chi è molto morbido e non ne è consapevole. Questa consapevolezza o inconsapevolezza è molto importante. Chi non è consapevole della propria morbidezza è molto più morbido di chi ne è consapevole.

Parlerò della più grande morbidezza di tutte, la massiccia morbidezza di colui che è innamorato, non è molto ricambiato e, per piacere, nega a lei di essere innamorato, colui che soffre come uno sciocco e per di più non è consapevole di essere morbido.

Può accadere che un uomo molto innamorato di una donna abbia un gran bisogno di vederla, si innervosisca quando la vede e sta con lei, ma ne soffra più che goderne. Questa sensazione è localizzata nel petto e provoca grande angoscia e disagio, causa tristezza e nostalgia, ci si sente impotenti, tristi e malinconici.

Avete idealizzato la ragazza e ve ne siete innamorati perdutamente. Lei è con te, il che è molto peggio che non averla, perché ti sta facendo vivere una vita molto brutta, stai soffrendo per non vederla, hai un grande bisogno, quando la vedi ti batte il cuore, ti senti nervoso, a volte ti mancano le parole. Mostrate sentimenti ed emozioni che lei ricambia a malapena. Questo vi fa soffrire enormemente.

Siete lì a toccarle il viso, a guardarla, a darle baci, ad accarezzarla, e lei presto si allontana, vi bacia poco, sembra che tanto amore la infastidisca. Inoltre, non vuole incontrarvi il giorno dopo perché esce con gli amici, oppure vi fa un po' di storie e vi dice: "Ci vediamo dopo".

Tu cerchi di concretizzare qualcosa e lei non vuole, è presa da altre cose, se sta con te è semplicemente per tua insistenza, non è molto convinta, si lascia amare un po', non troppo, non le piace che tu ostenti troppo il tuo amore. Ti dà amore a goccia a goccia.

Questa situazione è deplorevole e la conosco bene perché l'ho vissuta. Nessuno è al sicuro dal cadere in questa merda. Basta farsi toccare da una ragazza bella, attraente, carismatica, pazza e festaiola e ci si innamora di chi si credeva forte e tenace.

E la morbidezza può andare anche oltre. L'amante stesso può negare, balbettando e incoerente, di essere innamorato di lei. Lei l'ha rimproverato per essersi innamorato così tanto e lui, che è preso e innamorato fino al midollo, le ha detto che no, va tutto bene, non è innamorato.

Ma accade il contrario di quello che dice, lui è terribile, ma per compiacerla e soprattutto per paura di perderla, le dice che non è innamorato e continua a soffrire come un imbecille. Amico mio, questo è l'errore più grande di tutti: essere innamorati e negarlo per paura di perderla.

Ci saranno sempre discussioni, lunghe ore al telefono per cercare di risolvere il problema, per cercare di farle dimostrare più amore, ma tutto invano. Alla fine della conversazione vi sentite ancora peggio di prima di averla chiamata.

Mi è successo intorno ai 24-25 anni. Non siete sempre al vertice.

Questa situazione si è verificata quando, a causa di varie circostanze: ero molto tenero, la mia ragazza di sempre mi ha lasciato, ci sono stati cambi di indirizzo, studi difficili e, per finire, ho incontrato una ragazza fantastica ma molto fredda che ti ha fatto soffrire. Vi siete sentiti malinconici e quasi depressi. Anni difficili.

Ma la situazione può peggiorare quando lei ti lascia a causa delle tue lamentele. Per averle detto che non la vedi abbastanza. Poi ti rendi conto che a lei non è importato nulla di te e che ti sei reso completamente ridicolo.

Vi sentite malissimo, vedete che tutti i vostri sforzi, tutto l'amore e la gentilezza che gli avete dato, non solo non vi ha ricompensato, ma vi ha punito.

Non possiamo mai soffrire per nessuna donna, se stiamo soffrendo dobbiamo lasciarla perché soffriremo sempre di più. Succede a quasi tutti: a un certo punto della loro vita incontrano una donna che non gli presta quasi nessuna attenzione e se ne innamorano. La situazione peggiore, la debolezza peggiore.

Così, dall'esperienza di tutto, dall'esperienza nell'estrema durezza nei loro confronti, ma anche nella più morbida morbidezza, vi spiego cosa succede. La cosa normale è puntare sulla morbidezza e molti non ne escono.

Grazie a questi immensi errori sono diventato un maestro. Senza di loro non ce l'avrei fatta, quindi non giudicate mai male voi stessi. Alzatevi come ho fatto io e punite. A volte senza pietà, a volte con moderazione, ma non punite troppo.

Alla fine, colei che mi ha fatto soffrire così tanto, si è presa una punizione brutale ed eccessiva da parte mia, sono diventato così freddo, insensibile e duro con lei che ho esagerato, l'ho tradita con decine di persone, non mi sono mai ammorbidito nemmeno un po'. La punii duramente a causa della rabbia che provavo per tutto quello che mi aveva fatto passare. Alla fine ha sofferto molto più di me, tanto che mi sento in colpa. Mi sono arrabbiato. Né in modo morbido né in modo duro ero al mio posto. Errori di gioventù.

Non fatelo mai, vendicatevi, è una brutta sensazione che porta solo a farvi del male.

Quelli colpiti dalla morbidezza. Quelli che hanno fallito.

L'elenco degli uomini che sono stati distrutti e spezzati dalla mancanza di amore, di morbidezza, di dolcezza, di cavalleria e di tutte le stronzate medievali, è immenso.

Racconterò alcuni dei casi in cui mi sono imbattuto.

C'era un uomo che idolatrava la sua fidanzata e le era devoto. Un giorno lei lo chiamò dall'estero e gli disse che l'amore era finito. Rimase pietrificato senza reagire, senza muoversi o parlare. Non ha parlato per diversi giorni, lo hanno portato da uno psicologo e lì era in una specie di blocco, in cui non reagiva affatto. A poco a poco ricominciò a parlare. Questo pover'uomo si rifugiò nella religione e iniziò a leggere la Bibbia. Ora va in giro a tenere conferenze a tutti gli incauti che lo incontrano, dicendo che Gesù Cristo è la redenzione. Sono passati quasi 30 anni da quando gli è successo e continua a farlo.

Un altro uomo, quando aveva circa 20 o 21 anni, ha iniziato a frequentare una ragazza molto bella, con gli occhi verdi, super attraente. Tutto andava bene fino a quando lei si è stancata di lui e lo ha lasciato. Quest'uomo iniziò ad essere ossessionato da lei e parlava con tutti quelli che incontrava dicendo che era una puttana, o un'imbecille, e così abbiamo dovuto sopportarlo per un po'. Ma non finisce qui, passano gli anni e lui continua a inveire contro le donne, diventando un misogino totale, sempre più distaccato dal mondo reale. Quest'uomo ha iniziato a uscire sempre meno, a relazionarsi con sempre meno persone e, a poco a poco, ha iniziato a perdere la capacità di relazionarsi, le abilità sociali, è ingrassato sempre di più, isolandosi sempre di più e cadendo in depressioni da cavallo. Ora, quasi 30 anni dopo, è morbosamente obeso e continua a parlare male delle donne. Non ha mai più flirtato in vita sua - un vero peccato!

Un altro povero ragazzo era innamorato di una ragazza quando aveva quindici o sedici anni e quando lei lo ha respinto, ha preso la palla al balzo e si è buttato da un piano molto alto, inutile dire che si è ucciso.

Altri che conosco sono visitatori occasionali di ospedali psichiatrici con frequenti ricoveri a seconda di quanto stiano bene o male. Tutto perché sono ossessionati da qualche donna, a causa della loro estrema morbidezza che li rende inadatti alla seduzione. A queste persone che vogliono flirtare facendo le tenerezze, dico di aspettarsi solo colpi duri e di cambiare! Se non cambiano finiranno in una profonda depressione.

Altri sono stati con psicologi, coach e consulenti per decenni, ma non riescono a uscire dalla loro depressione e dalla loro estrema mollezza, diventano fenomeni da baraccone tagliati fuori dalla società, senza la capacità di relazionarsi con nessuno. Alcuni sono davvero spaventosi per quanto sono diventati folli.

Non dico che sia tutta colpa delle ragazze, è colpa loro che sono così morbide. Ecco perché sto scrivendo questo libro per aiutare tutte queste persone povere e anche le persone normali che possono cadere in depressione a causa della morbidezza nei loro confronti.

Uomini fatti a pezzi dalle loro mogli. Quelli che hanno trionfato.

Non è necessario fallire con le donne per essere distrutti da loro, si può essere distrutti avendo avuto successo con una donna, spesso proprio dalla donna che si voleva conquistare.

Questi poveri uomini non si rendevano conto che dietro la sua bellezza si nascondeva una specie di strega malvagia, la cui unica preoccupazione era lei stessa e la sua superficialità. Sono diventati i suoi servi, i suoi menestrelli medievali, i suoi lacchè. Non hanno fatto altro che rendersi terribilmente schiavi. Si sono affezionati a loro per la loro dipendenza emotiva, la loro mollezza e la loro mancanza di carattere.

Lei fa quello che vuole con loro e all'inizio sono felici perché hanno la ragazza che vogliono, ma presto si rendono conto di quanto siano infelici. Non hanno carattere e non sanno dire la parola più bella del mondo - no! Questa parola li salverebbe dalla schiavitù, ma siccome sono dei piacioni e sono stati educati così o hanno una tremenda mancanza di carattere, non riescono a dirla.

Prendono il controllo della loro vita e per ogni cosa devono chiedere il permesso. È davvero imbarazzante vederli così timidi e così schiavi delle loro mogli.

Ben presto si vedono amareggiati, tristi, vecchi, troppo grassi o troppo magri a causa dello stress che si creano. Questi uomini non si alzano e non hanno il coraggio di lasciarli, sono intrappolati lì e sono una marionetta assoluta.

Alcuni diventano dei veri e propri misogini e vanno in giro a rovinare la giornata delle persone, raccontando le loro miserie e inveendo contro le donne. Inoltre, sfogano la loro frustrazione su tutti gli altri, trattandoli in modo orribile e trattando la moglie come una dea. Molti di loro passano anni senza scopare con le loro mogli, molti sono cornuti, eppure continuano a lottare per il loro amore.

Questi sono quelli che si picchiano a sangue per aver difeso le loro mogli da ogni piccola lamentela, Hey Will! Quelli che si rendono ridicoli perdonandoli quando li tradiscono, i piacioni, i trovatori medievali.

Spesso riuscire è fallire, spesso fallire è avere successo. Senza carattere, il trionfo diventerà un fallimento.

Naturalmente, questi sono alcuni dei casi che si verificano e che racconto qui per sensibilizzare le persone, è normale che questo non accada, o che accada con più leggerezza.

I manginas, le femministe
e i piacioni vari.

Oggi, grazie all'indottrinamento sociale e a un romanticismo superato, proliferano gli uomini adulatori, gli amici delle donne che odiano gli uomini, le femministe, gli uomini che si vergognano di essere uomini.

Questi uomini, se così si possono chiamare, compiono tutte queste imbecillità per il desiderio di compiacere le donne più pazze e disgustose, per vedere se, sostenendole in tutte le loro sciocchezze, riescono a portarne una in branda e a scoparsela.

Ma non funziona nemmeno per loro, e anche in questo caso non riescono a scopare. Si tratta di orsacchiotti smarriti che hanno perso completamente la strada, a causa del loro immenso fallimento con le donne. Questi stronzi vi criticheranno sempre e vi daranno dello sciovinista, perché vi piacciono le donne e non le subite come loro.

Queste pecorelle vengono usate da loro nei comizi e negli eventi, ma non hanno mai nulla di amorevole nei loro confronti, anzi, sono, perché sono uomini, disprezzati anche quando li sostengono fino alla morte.

Tutte queste donne che vanno in giro a gridare contro gli uomini, quando vedono un vero uomo si abbassano subito le mutande.

Questi fenomeni da sfigati assoluti praticano la castità, ma non di loro spontanea volontà, per pura inutilità. E questo è ciò che si meritano, si meritano di stare lì per decenni a idealizzare le donne e a sentirsi frustrati.

Useranno tutta la loro frustrazione per attaccare gli uomini di successo per sfogare la loro rabbia per il loro totale fallimento.

La loro bassezza e il tradimento dell'uomo non hanno funzionato e continuano a comportarsi da idioti.

Avete già comprato il vostro liuto?

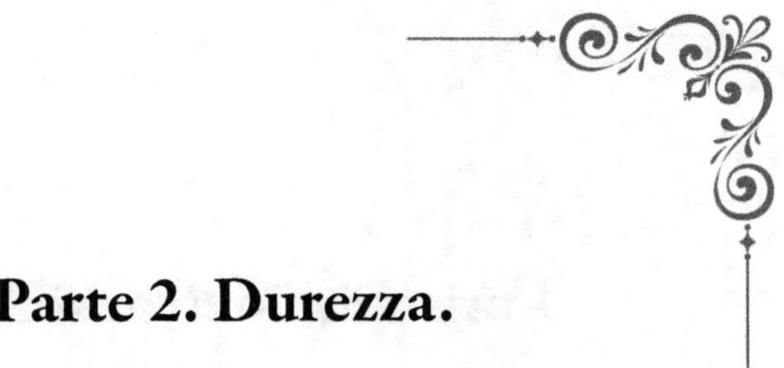

Parte 2. Durezza.

I misogini dell'antichità.
I classici.

In questi tempi di femminismo radicale, la gente non sa, né immagina, cosa pensavano e dicevano sulle donne filosofi e grandi uomini di enorme erudizione.

A quei tempi le donne venivano denigrate, lasciandole in un posto subordinato rispetto agli uomini, in alcuni casi poco meglio di animali. Non dico che queste persone abbiano ragione, ma è sconvolgente che grandi menti abbiano pensato queste cose. Ho già detto che la misoginia è qualcosa da conoscere e praticare con molta moderazione. Solo in occasioni specifiche per dare più valore a noi stessi che a loro, il che ci aiuta molto quando si tratta di flirtare. La misoginia totale è per gli uomini frustrati e senza successo. Ho semplicemente messo qui queste frasi per la vostra riflessione, perché curiosamente vanno tutte nella stessa linea.

Aristotele.

"Il maschio è per natura superiore e la femmina inferiore; l'uno governa e l'altra è governata; questo principio di necessità si estende a tutta l'umanità.

Freud.

"Le ragazze subiscono il trauma dell'invidia del pene per tutta la vita dopo aver scoperto di essere anatomicamente incomplete".

Si tratta di un'affermazione forte e che merita la nostra attenzione, poiché è stata pronunciata nientemeno che da Einstein stesso, sinonimo di intelligenza.

Einstein.

"Le donne sono al loro posto. Milioni di anni di evoluzione non hanno sbagliato, perché la natura ha la proprietà di correggere i propri difetti".

VALLE-INCLÁN.

"Ho sempre creduto che la bontà di una donna sia più effimera della sua bellezza".

Schopenhauer.

"Solo l'aspetto della donna rivela che non è destinata né alle grandi opere dell'intelligenza, né alle grandi opere materiali".

Ortega y Gasset.

"La forza di una donna non è sapere, ma sentire. Conoscere le cose significa avere concetti e definizioni, e questo è il lavoro degli uomini".

Euripide.

"Aborro la donna saggia. Non lasciate che viva sotto il mio tetto colei che sa più di me e più di quanto sia giusto per una donna. Perché Venere rende i dotti i più depravati".

Dostoevskij.

"La vita di ogni donna, checché se ne dica, non è altro che l'eterno desiderio di trovare qualcuno a cui sottomettersi".

Calderón de la Barca.

"Che una donna sappia filare, cucire e rammendare, non ha bisogno di conoscere la grammatica o di fare versi".

Erasmo da Rotterdam.

"Se, per caso, una donna volesse apparire saggia, riuscirebbe solo ad essere doppiamente sciocca".

Voltaire.

"Una donna gentile e stupida è una benedizione del cielo".

Anche i santi hanno detto cose contro di loro.

Sant'Agostino.

"

È nell'ordine naturale degli esseri umani che le donne siano soggette agli uomini, perché è giusto che la ragione più debole si sottometta a quella più forte.

I misogini dell'antichità.
Schopenhauer.

L'uomo più noto per la sua misoginia e la scarsa stima delle donne è Arthur Schopenhauer.

Quest'uomo è stato un filosofo tedesco molto importante, il massimo rappresentante del pessimismo filosofico. Ha scritto molto sulle donne e tutte queste riflessioni, articoli e citazioni sono state raccolte dopo la sua morte in un libro che può essere consultato gratuitamente su Internet. Il libro si intitola "L'arte di curare le donne". Qui si concentrano tutti i suoi pensieri sulle donne, che possono essere descritti solo come sessisti.

Ha detto.

"Solo instillando la paura si possono tenere le donne entro i limiti della ragione". Secondo Schopenhauer, "rimangono bambini per tutta la vita, sono attraenti solo fino a 28 anni e non possiedono mai l'intelligenza". Possiedono una miopia intellettuale che li rende incapaci di produrre un'opera duratura".

Partendo da Schopenhauer, ricapitolando un po', traggo queste conclusioni.

Per tutta la fottuta storia tutte le grandi intelligenze, quasi senza eccezione, hanno praticato la misoginia con le donne. Vorrei sapere quando la galanteria ha imposto la misoginia, o se sono coesistite e gli uomini erano galanti all'esterno e misogini all'interno. Mi sembra che questo sia stato il caso. Così nel corso della storia, senza rendersene conto, si sono esercitati ad essere affascinanti con un pizzico di galanteria in più rispetto ad oggi, ma molto duri, misogini e molto freddi di testa, molto più di oggi. Uomini duri.

Abbiamo rallentato la galanteria e non siamo più così galanti come in passato, ma abbiamo rallentato molto di più la durezza e la misoginia, e questa è la chiave del perché le donne sono ora il premio.

Siamo la generazione di uomini più stupida della storia dopo i trovatori medievali e i romantici. Siamo i peggiori rispetto alle donne, e con il femminismo radicale potremmo superare quei mostri in inutilità.

Non resta che far emergere qualche poeta che li elogi e noi saremo lì, con i medievali.

Non c'è bisogno che un poeta emerga, su Instagram, facebook e tick tock ci sono milioni di lumache che li idolatrano e li mettono su piedistalli che non meritano affatto.

La nostra situazione è quindi una delle peggiori della storia. Oltre ai filofemministi che le potenziano al massimo, ci sono anche i galantuomini vecchio stile che le idolatrano. Hanno i vantaggi del femminismo e quelli della galanteria. Ci sono pochissimi uomini indipendenti che li apprezzano poco.

Non c'è bisogno di essere misogini, è sufficiente che vi apprezziate al di sopra di loro per avere successo. Tenete conto di tutta l'evoluzione storica che ho raccontato qui.

Lo stronzo medievale.
Guglielmo IX
d'Aquitania.

Quest'uomo era un trovatore, anzi, è stato il primo trovatore. Ma era un caso molto curioso, era un fottuto trovatore. Sto morendo dalle risate. Ha dimostrato che si può essere poeti e non essere sciocchi. Quest'uomo era un duca. Era forte, biondo e con gli occhi azzurri. Conosceva il latino, il greco e l'ebraico. Aveva doti musicali e suonava il liuto alla perfezione.

Da adolescente, in più di un'occasione, i suoi genitori hanno dovuto frenarlo a causa del suo temperamento focoso. Giocare così bene lo rendeva irresistibile per le ragazze dell'epoca. Le cameriere e i servitori del castello godevano e soffrivano della sua libido.

A Guglielmo piaceva rincorrere le sue amanti per il suo castello con grandi risate. Ecco come trascorreva le sue giornate.

La sua prima moglie ha sofferto per le sue continue scappatelle. Fu un matrimonio di convenienza che finì a causa delle risse di William.

William si risposò, ma anche la moglie non ebbe la dedizione del marito. L'ha resa madre ed è stato soddisfatto. Ha continuato con le sue scappatelle.

Una donna nuda è stata dipinta sullo stemma di Guglielmo.

William non era del tutto insensibile e si innamorò di una donna che non era sua moglie. Sarà l'amore della sua vita, anche se lui rimarrà sposato. Pur avendo la moglie e l'amante, questo non gli impedì di avere anche molte conquiste.

William è considerato il primo trovatore della storia. Compose madrigali, odi e canzoni. Nelle sue opere parla dei suoi "amori", trattati con grande senso dell'umorismo.

Si definiva "l'intagliatore di fanciulle".

Si può essere poeti e scopatori - bravo Guillermo!

Come vede le donne un seduttore?

Le donne sono qualcosa di eccitante, sono ciò che più ci piace, ci divertono, ci fanno divertire. Alcune donne hanno un ottimo corpo, ma un pessimo carattere, o un'insensatezza insopportabile nella loro testa, in questo caso la donna deve essere vista come una sorellina debole. Una bambina che deve essere aiutata per tutto, perché non ha neanche lontanamente le nostre capacità.

Quello che hanno è un corpo che ci piace ed è l'unico motivo per cui a volte ci relazioniamo con loro, nonostante subiscano le loro insopportabili sciocchezze, i loro pretesi privilegi e le loro richieste. È sufficiente che li sopportiamo per poterli scopare. In questi casi, le donne sono un male necessario da sopportare per raggiungere un fine. Non consiglio di fare sforzi così grandi perché non siamo contenti di noi stessi. Cercate di andare con donne con cui vi piace andare, con cui vi sentite a vostro agio e con cui vi divertite. Andare con una donna solo per il gusto di scopare è piuttosto basso.

Se vai con le donne solo per scoparle, finirai per detestarle, perché non le sopporti proprio. Bisogna cercare quelle donne divertenti che ci apprezzano, che non sono troppo rigide e che ci fanno sentire bene. Con queste donne saremo gentili senza essere morbidi, naturalmente.

Le donne che pensano di essere superficiali e insopportabili rappresentano una percentuale piuttosto ridotta. Questi vanno evitati e sopportati dagli sciocchi del villaggio, perché dobbiamo lasciare qualcosa anche a loro.

Leggera misoginia.

Quale religione hanno creato?
Quali invenzioni?
Quali libri hanno scritto?
Quali battaglie hanno combattuto?
Quali scoperte avete fatto?
Quali imperi hanno conquistato?
Quali continenti hanno scoperto?

È vero che ci sono state donne che hanno fatto cose, Marie Curie che ha scoperto la radioattività o non so che cosa, ah, ah. Hanno scritto libri come Emilia Pardo Bazán ed è vero che in passato non hanno conquistato nulla perché erano molto sottomessi all'uomo, è vero, ma se dicono di essere così intelligenti, come mai non si sono imposti sull'uomo per tanti millenni? Perché non hanno assunto una posizione di superiorità? L'uomo non si impone all'uomo con la forza. Se tutto dipendesse dalla forza, allora dominerebbero gorilla, leoni, elefanti, ma non è così, domina l'uomo. Se l'uomo ha prevalso sulle bestie e sulle donne nei tempi antichi, è grazie alla sua intelligenza.

Cazzo se l'ha detto Einstein, non è stato lo scemo del villaggio, né il segretario, né il macellaio, è stato EINSTEIN stesso a dirlo. "La donna è al suo posto. Milioni di anni di evoluzione non hanno sbagliato, perché la natura ha la proprietà di correggere i propri difetti".

L'inventore della teoria della relatività, il genio, ecco chi l'ha detto.

Comunque, non mi piace incoraggiare la misoginia, ci sono state grandi eroine come María Pita a La Coruña, o Catalina de Aragón che hanno infiammato le masse per vincere in battaglia.

Ogni vero misogino è disturbato da qualche sofferenza che le donne gli hanno causato, non è un atteggiamento sano. È bene sminuirli un po' senza esagerare.

Hanno anche le loro grandi qualità: sono quelle che si prendono cura dei malati, quelle che si occupano dei bambini, spesso guidano correttamente gli uomini impulsivi e li aiutano molto. Vorrei che questa generazione di femministe radicali, invece di odiare gli uomini, cercasse la vera uguaglianza e non ci sminuisse. Se ci attaccano, li ho attaccati anch'io. Attaccate quelle, non le donne normali che sono meravigliose. Anche se tutto ciò che ho detto sopra è vero, hanno molte altre virtù che vanno ammirate e lodate, ma questo è ciò che cantano i trovatori medievali, non sarò io a metterle qui.

Casanova.

Il maestro. Nel 1750 flirtare era estremamente difficile, le donne erano estremamente pudiche e totalmente sottomesse alla Chiesa. La castità era obbligatoria fino al matrimonio. C'era l'inquisizione e si poteva anche essere bruciati vivi per aver sedotto delle donne. In un contesto così terribile, rimorchiava donne di alto rango, baronesse, contesse, donne sposate, esponendosi al carcere e rimorchiava persino suore. Ho letto le sue memorie tre volte. Non fu solo un seduttore, ma anche violinista, spia, inventore, uomo d'affari, banchiere, romanziere, diplomatico, traduttore, poeta e avventuriero e, come veniva chiamato all'epoca... libertino. Ha lavorato per molti tribunali in Europa.

Ha persino scopato nove volte in un giorno e ha avuto rapporti a tre nel XVIII secolo. Tutto questo è noto perché egli scrisse le sue memorie, che erano voluminose (4276 pagine). Questo libro è stato utile per conoscere gli usi e i costumi del XVIII secolo. In ogni scuola di seduzione dovrebbe esserci una materia che tratta la vita di Casanova.

Quest'uomo ha esagerato fino a sfiorare la morte con tante scopate, a volte correndo rischi pazzeschi. È stato lui a inventare l'espressione "echar un polvo" (scopare). Questo deriva dal fatto che in un'occasione andò con una donna in una stanza adiacente per farsi una scopata, riferendosi alla rana pescatrice che si metteva nel naso, ma oltre a metterla nel naso, se la scopava anche. In seguito avrebbe detto di aver fatto sesso con la baronessa di tal dei tali, e da lì sarebbe nata l'espressione.

Si è persino scopato una di loro mentre assisteva a un'esecuzione, cosa normale all'epoca, e l'ha scopata sul balcone davanti a tutta la città e nessuno lo sapeva.

Lo misero nel carcere più duro dell'epoca, "los plomos", e non solo riuscì a evadere da lì abbastanza facilmente, ma lo fece con stile. Si presentò alla porta principale della prigione, battendo le mani per farsi aprire e il carceriere stesso aprì la porta senza accorgersi che era un prigioniero, poiché aveva preso i vestiti di qualcuno da lì. Questa impresa gli procurò ulteriore fama. Il suo prestigio di seduttore lo precedeva e in tutte le corti d'Europa veniva chiamato a raccontare le sue avventure e ad affascinare le donne. L'Inquisizione lo perseguì.

Quest'uomo apprezzava tutto a livelli mostruosi, una volta è quasi morto di indigestione per la gigantesca quantità di cibo che ha mangiato, non ricordo la quantità ma era qualcosa come sedici portate o forse più e molte bottiglie di vino, oltre dieci.

L'esempio della vita di Casanova è enormemente positivo. Ha lasciato un bel po' di belle frasi.

Chi vuole dare lezioni di seduzione deve prima essere un seduttore, non basta insegnare per sentito dire, bisogna sperimentare di persona. È lì che si imparano davvero le regole e le eccezioni, un grande seduttore è il miglior allenatore. Per me Casanova è stato un uomo del XXI secolo vissuto nel XVIII secolo, un uomo in anticipo sui tempi che ha avuto le palle di vivere liberamente e di confrontarsi vittoriosamente con la società pudica dell'epoca. Era apprezzato in tutta Europa e la sua fama durò per i secoli a venire.

Perse la verginità all'età di undici anni, scrisse la sua vita fino a 46 anni e visse molto più a lungo, morendo all'età di 73 anni. Aveva persino un mecenate che finanziava le sue avventure perché sapeva come affascinare tutti. Questo mecenate finanziò tutto per molti anni, affinché potesse compiere i suoi viaggi avventurosi e di conquista. Ha persino fatto un'orgia con due suore.

Casanova è il **più grande seduttore di tutti i tempi**, totalmente irraggiungibile per chiunque al giorno d'oggi, perché la difficoltà di quei flirt del XVIII secolo è almeno venti volte superiore a quella che costa rimorchiare una donna oggi, e forse 50 volte più difficile, non so, dipende dal caso. Se mettiamo un seduttore del xxi secolo nel xviii secolo avrebbe raccolto al massimo cinque ragazze e Casanova ne ha raccolte 132 che sono state scritte, che erano qualche altra decina che non ha contato per possibili ritorsioni, (donne del castello dove viveva, forse la moglie di colui che lo ospitava gentilmente e altre), forse ha raggiunto 150 o 160.

Si strusciò con i filosofi dell'epoca come Voltaire e il mitico Conte di Sant Germain, Mozart incontrò persino dei re, insomma qualcosa che ha resistito nei secoli, del tutto insuperabile.

Casanova arrivò in un paese dove era stato per 25 anni e fu legato alle figlie di coloro con cui era stato in passato. Si sospetta che alcune di loro fossero addirittura sue figlie e che lui non lo sapesse. Un uomo straordinario.

Questo è ciò che i seduttori devono leggere.

Nemmeno il flirt con 10.000 persone avrà più merito di quest'uomo.

Che grandezza!

Lunga vita a Casanova, il cavaliere di Seingalt.

Se volete essere seducenti, conoscete, apprezzate e ammirate il maestro.

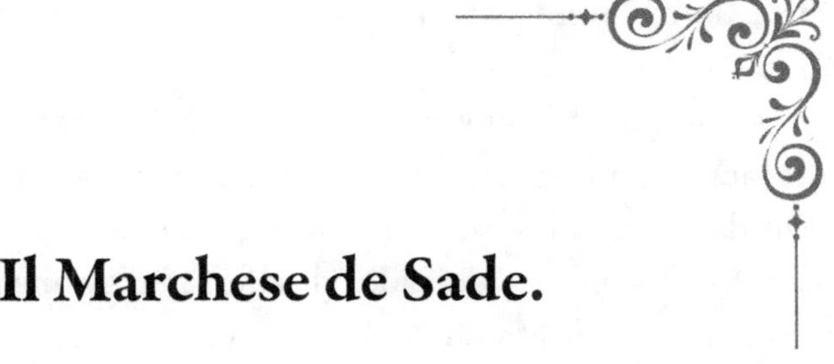

Il Marchese de Sade.

Quest'uomo era fuori di testa, ma bene, bene, bene. Scrisse romanzi in cui elogiava le virtù del fare il male. Ha detto che in questa vita il male viene premiato e la bontà viene terribilmente punita. Nel suo romanzo "Justinne o le disgrazie della virtù" racconta le disgrazie di una povera donna sfortunata che subisce sempre enormi disgrazie e più dimostra di essere buona più viene punita.

Ha creato questa filosofia, ha inventato il sadismo. Quasi nulla. Il sadismo è l'eccitazione sessuale prodotta dal fare del male alle persone. Coltivava tutte le perversioni sessuali esistenti, anche l'omosessualità, che certamente non condivido, ma a parte quella follia che gli ha dato, il resto è almeno interessante da conoscere.

Se leggete uno dei suoi romanzi vi accorgerete che sono la cosa più dura che abbiate mai letto in vita vostra, sono come degli snuff movie, molto più forti di qualsiasi porno sadomaso di oggi. Un vero e proprio delirio.

Il marchese de Sade era completamente fuori di testa e impazzì a tal punto da essere persino sbattuto in prigione.

In un film degli anni '80, il Marchese de Sade è apparso in un museo come una bambola di cera. Questo museo era un luogo magico che aveva la proprietà di tornare indietro nel tempo di quella scena. Una donna proveniente dal futuro cade sotto una specie di incantesimo al tempo del Marchese de Sade, che naturalmente la vede e la lega immediatamente tra due colonne e inizia a frustarla. La donna, invece di subire ogni frustata, ne gode e comincia a chiedergli di frustarla più forte, di non avere pietà. Lei va fuori di testa e gli chiede di frustarla a morte.

Il ragazzo del film, per la stessa magia, entra in scena e la vede frustata da un marchese che è stanco e sudato per tutte le frustate che le ha dato. Lui la libera, ma lei, invece di andare con lui, si butta a terra accanto al Marchese de Sade, gli afferra una gamba e avvicina il suo viso al pacco del Marchese. Lo sposo non riesce a crederci, le chiede di tornare da lui, ma lei si rifiuta e, tenendosi stretta alla gamba del marchese, lo prega di continuare a frustarla, di frustarla fino alla morte.

Il marchese dice al ragazzo del futuro.

"Sei geloso perché **la tua puttana** ha avuto il suo primo orgasmo con la mia frusta e non con il tuo cazzo".

Ha, ha, ha, ha, ha, ha, ha, ha, ha.

Di certo non era morbido.

Definizione di seduttore.

Un seduttore è un uomo che ha dedicato la sua vita a conquistare le donne. Sono il suo divertimento, ciò che gli piace di più, ma oltre a loro vive la sua vita facendo molte altre cose che gli piacciono. Per loro ha sacrificato molte cose, ma ciò che ha sacrificato di più è il suo tempo, spesso la sua salute e, in molti casi, anche molto denaro, a causa delle numerose uscite e interazioni con loro.

Il seduttore è un uomo che si è abbandonato all'amore, al divertimento e all'avventura; in fondo è un cercatore di sensazioni, come i romantici del XIX secolo, ma molto più intelligente di loro. La vita del seduttore non ha senso senza le donne, per questo il seduttore è un immenso conoscitore di donne, ne conosce i difetti e le virtù, sa come influenzarle e come conquistarle.

Un seduttore è un mago che fa emozionare ed eccitare le donne per lui. Un seduttore è un uomo che viene difeso fino alla morte dalle stesse donne che lo adorano.

Come gli altri consacrano la loro vita a Dio o alla ricerca, così il seduttore consacra se stesso a loro, ma non in modo piacevole o servile, bensì conoscendoli perfettamente, sa di cosa hanno bisogno e glielo dà. Hanno bisogno del mascalzone affascinante e divertente da preferire all'uomo formale e buono, e lui glielo dà.

Un seduttore è un uomo che desidera soprattutto ridere, baciare e dormire con le donne amate. Il seduttore, pur facendo queste cose, mantiene la sua indipendenza ed è freddo e duro di testa, altrimenti verrebbe trascinato in sciocche infatuazioni e cesserebbe di essere un seduttore. Il seduttore è il migliore. Se noi uomini siamo il massimo della creazione, il seduttore è il massimo degli uomini, quindi il massimo del massimo, lo zenit della creazione, il vertice dell'universo. Il più grande.

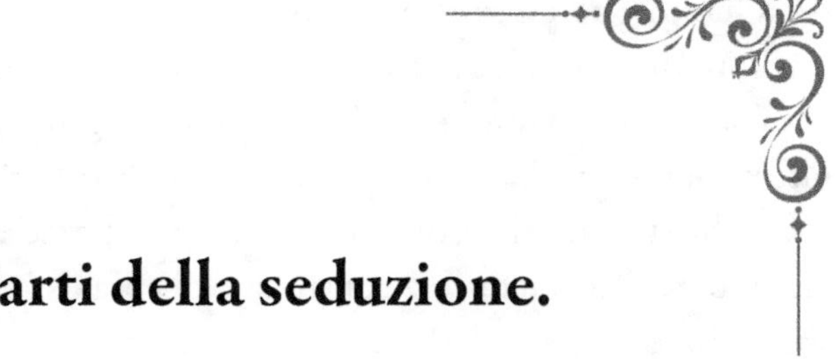

Parti della seduzione.

La seduzione si divide in due parti: la parte prima di andare a letto con lei e la parte dopo averci dormito.

La prima parte ha un obiettivo chiaro: portarla a letto. In questa parte dobbiamo avere l'aspetto del premio, essere divertenti e affascinanti, un po' incuranti di flirtare con lei, fingere di essere interessanti ed essere davvero molto attraenti in modo da attrarla.

Possiamo usare la sessualità diretta o indiretta, lo stile diretto o indiretto, il punto è che arriva un momento in cui la ragazza è fortemente attratta da noi, vuole fare sesso e noi andiamo a letto con lei. Da quel momento inizia la fase due.

Potremmo lasciarlo lì e basta se non ci piacesse affatto il sesso con lei, o se davvero non volessimo altro che il sesso. Quello sarebbe il momento ideale per lasciarla, dopo il sesso. Ma se la ragazza ha altre caratteristiche: come una bella personalità, divertente, o la troviamo molto attraente o ci attira per qualche motivo, non vedo perché dovremmo limitarci a fare sesso con lei solo una volta. Bisogna godersela un po' di più, credo.

A questo punto si inizia a conoscerla davvero. Dopo che entrambi avete fatto spesso la parte dei seduttori, è questo il momento in cui lei si mostra per quello che è veramente, perché una volta conquistata, si rilassa, diventa più sicura di sé con voi e inizia a mostrare la sua vera personalità che a volte aveva nascosto per compiacerci. La cosa posticcia che dico è che quasi sempre né lei è così fatale, né tu sei così furfante.

Questo può essere fantastico e si scopre che è una ragazza ancora migliore di quanto si pensasse, ma altre volte può essere negativo. È qui che vedrete davvero com'è, perché nella prima fase, se era davvero interessata a voi, ha nascosto molto i suoi difetti. I suoi capricci, le sue richieste, i suoi dispetti e le sue sciocchezze diventeranno chiari ora. Dovrete anche lottare contro la mollezza che potrebbe provocarvi anche dopo essere andati a letto. Le sue armi fanno effetto e a noi piace essere teneri con lei, drogati dal sesso, dai baci e dai piaceri.

Se la donna ha iniziato a mostrare segni di difetti prima che andaste a letto con lei, è perché non le piacevate affatto e non si è sforzata di nasconderli, oppure perché, nonostante vi piacesse, i suoi difetti sono così grandi da essere chiaramente visibili. In questi casi non vale la pena di sopportarla anche se si va a letto con lei.

L'obiettivo finale di questa fase due è quello di fuggire finalmente da lei, perché se non si fugge non si potrà continuare la propria carriera di seduttore. Dovrete trasformarla in una scopamica se volete vederla di più, oppure liberarvene del tutto. Dovete continuare ad applicare tutto il vostro potere per fidelizzarla e affascinarla se vi piace e mantenerla entusiasta per tutto il tempo che volete, oppure per difendervi dai suoi attacchi, dalle sue richieste e dalle sue recriminazioni. Ecco a cosa serve questo libro "L'arte della durezza", affinché, se siete interessati a durare, possiate difendervi da tutti i suoi attacchi.

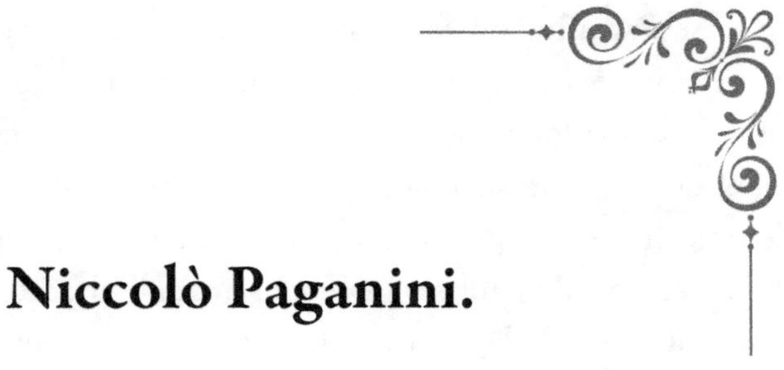

Niccolò Paganini.

Visse tra il 1782 e il 1840, il suo aspetto era particolare, emaciato, capelli lunghi, estrema magrezza, occhi penetranti, labbra sottili, Quello che pochi sanno è che il geniale violinista Niccolò Paganini, unanimemente considerato il miglior violinista di tutti i tempi, a tal punto che molti pensavano che avesse fatto un patto con il diavolo perché era praticamente impossibile suonare così velocemente e così bene; era anche un grande donnaiolo che scandalizzava la società del tempo. Le donne svenivano ai suoi concerti per i suoni impossibili che uscivano dal suo violino. Le ha sedotte così tanto con la sua musica che non si sono curate del suo aspetto magro e tetro e ha sedotto molte donne.

È risaputo che suonare uno strumento incanta le ragazze, ma se lo suonate in modo così grandioso da risultare incomprensibile e siete circondati da un'aura di mistero e misticismo, le donne cadono ai vostri piedi. Questa era la star del rock and roll dell'epoca.

Paganini intraprese una carriera dissoluta in cui ogni cosa aveva il suo posto, sperperando i soldi guadagnati con i concerti nel gioco d'azzardo.

Portava pantaloni stretti e capelli lunghi, faceva impazzire le donne di passione e gli uomini di invidia. Ma soprattutto, Paganini suonava il suo strumento in un modo che era anni luce avanti rispetto ai suoi contemporanei.

Heinrich Heine (1797-1856) Non ho la minima idea di chi sia, né mi interessa, l'importante è quello che ha detto su di lui.

"Se Paganini mi sembrava già così strano e fantastico, quando lo vidi arrivare (...) quale sorpresa non avrei dovuto avere la sera del concerto quando vidi la sua sconvolgente e strana figura? (...) Nella sala c'era un religioso silenzio. Tutti gli occhi erano fissi sulla scena. Tutte le orecchie erano pronte ad ascoltare. Alla fine apparve sul palco una figura scura, che sembrava essere uscita dall'inferno".

"All'inizio della sua carriera, essendo stato povero da bambino, gli capitò tra le mani del denaro che sperperò. Li usava per il gioco d'azzardo e per le donne, ma li investiva anche in violini.

"Ebbe molte amanti, tra cui Elisa e Paolina, sorelle di Napoleone Bonaparte; ma alla fine sposò la ballerina Antonia Bianchi, con la quale andò a vivere ed ebbe un figlio, Achille".

Purtroppo non ci sono molti altri riferimenti che chiariscano il numero di amanti che ebbe. È stata una star del rock and roll più di 100 anni prima del rock and roll. All'epoca non c'erano solo uomini convenzionali, Paganini ne è un esempio.

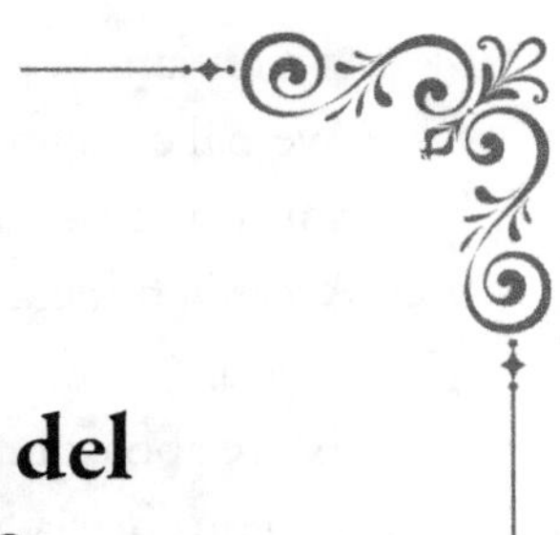

Consapevolezza del proprio potere.

Sempre prima di entrare in azione nei pub, nelle discoteche e nei bar, dobbiamo innanzitutto prendere coscienza del nostro potere; questo ci permetterà di:

- Sentire e credere in noi stessi come premio.
- Comportarsi come se fossimo il miglior seduttore.
- Essere consapevoli di tutti i nostri successi.
- Essere consapevoli di tutti i loro difetti e valutarli troppo poco. Irrigidirsi.
- Valorizzare la nostra mascolinità.
- Sviluppare l'indifferenza al loro fascino.
- Sviluppare un approccio spensierato per vincolarli, se necessario.
- Per avere tutta la sfacciataggine e l'audacia di cui potremmo avere bisogno.
- Avere carisma e sicurezza.
- Generare comfort con la complicità e interessandosi a loro.
- Sviluppare un verbo facile che generi una conversazione divertente e interessante.
- Avere un tocco malizioso quando ci fa comodo.
- Sono entrato in uno stato d'animo euforico e divertente che li ha subito coinvolti con il nostro umorismo.
- Avere l'audacia e il coraggio di chiudere con un bacio quando

lo riteniamo opportuno.

- Avere il coraggio di farlo venire a casa nostra a dormire con noi con scuse o direttamente.
- Avere la fiducia e la sicurezza di scopare il suo comune attore porno.
- Essere abbastanza duri da non chiamarla per molto tempo e lasciare che sia lei a cercarci.

Dobbiamo fermarci e prendere coscienza di tutti i veri successi che abbiamo ottenuto. Questa è un'altra buona azione e quindi, grazie al potenziamento che deriva dalla consapevolezza dei propri reali successi e dalla consapevolezza delle proprie qualità seduttive, entriamo in uno stato di piena intraprendenza e ci comportiamo da grandi seduttori. Inoltre, grazie a questo abbiamo completamente bandito la morbidezza dal nostro comportamento.

Ci introvertiamo, facciamo un respiro profondo, chiudiamo gli occhi e rimaniamo in uno stato di assoluto relax, uno stato di totale rilassamento ovunque ci troviamo. Possiamo indossare occhiali da sole in modo che nessuno possa vedere ciò che ci sta accadendo, oppure possiamo andare in un luogo appartato, o ancora possiamo farlo nella toilette del bar. Si può fare anche per strada, basta chiudere gli occhi per due minuti, rimanere in trance ovunque ci si trovi e visualizzare.

Non preoccupatevi se la gente vi guarda, qualunque cosa accada siete nella vostra fottuta meditazione, il successo della serata dipende in gran parte da questo, quindi non perdete la concentrazione. Potete anche farlo a casa prima di uscire, il che sarebbe meno imbarazzante.

Può anche essere molto utile ancorarsi a questo stato. È una tecnica di pnl per associare questo stato di risorse a un gesto. Quindi faremo anche questo. Quando siamo ben consapevoli del nostro potere e sentiamo quell'euforia che deriva dalla consapevolezza di aver vinto prima di fare qualsiasi cosa, quel potere interiore quasi divino, facciamo un gesto che ancori la sensazione e la colleghi a questo gesto. Poi quando saremo con le ragazze faremo questo gesto e otterremo il potere del cazzo.

La triade del potere.

Per avere un vero potere con le donne e non mostrare mai un carattere bisognoso, dobbiamo sviluppare quella che ho chiamato la triade del potere.

In cosa consiste la triade del potere? Si tratta di flirtare e, tra le tante con cui si flirta, si fa una selezione e si tengono quelle che sono meno problematiche e più piacevoli come amiche. Queste donne che non causano troppi problemi e sono brave ragazze, si prenderanno cura di noi sessualmente.

Uno non è sufficiente, e nemmeno due, ne occorrono almeno tre, essendo raccomandati quattro. Se riusciamo a riunirne almeno tre, avremo la triade del potere e potremo ruotare e scopare regolarmente ognuno di loro.

Scoperemo almeno tre volte a settimana, il che ci terrà coperti.

Quindi, cercate di portare le donne nel vostro mondo. È come scopare, devi entrare e uscire. Inserendo tutti quelli nuovi e togliendo quelli scomodi. È come cercare l'oro: si tiene dentro la roba buona e fuori quella cattiva. Molto entra e molto esce, ma le pepite buone rimangono.

Queste tre donne minime per sviluppare il potere del cazzo sono ciò che ho chiamato la triade del potere. Incontrando queste tre persone almeno 3 giorni alla settimana scoperai come un matto, uno con ognuna di loro e possono essere di più, puoi scopare praticamente ogni giorno.

Grazie a questa triade di poteri non avrete mai un appuntamento sessuale con nessuna ragazza, perché avete tutto sotto controllo. Potrete diventare asessuati e asessualizzarli, il che vi darà il tocco divertente e affascinante che gli altri non hanno a causa del loro bisogno sessuale.

Sarai anche duro perché non avrai bisogno di vedere le nuove ragazze, sarai paziente quando aspetterai di scoparle e non metterai troppa pressione su di loro, quindi non le scoperai con un bisogno sessuale, che le spaventa.

Chi sviluppa questa triade di potere ha sempre più donne e scopa sempre di più. È essenziale bandire la morbidezza dalla testa. Le donne chiamano le donne.

Rasputin il monaco del cazzo.

Grigori Yefimovich Rasputin era un mistico e monaco eremita russo appartenente a una curiosa setta. Una setta bandita dalla Chiesa ortodossa chiamata "i Flagellanti". Credevano che la fede si ottenesse attraverso il dolore, ma organizzavano anche orge e Rasputin era uno dei loro partecipanti più fedeli. Secondo loro, è attraverso il dolore e il godimento che si raggiunge Dio. Ha praticato il sesso sfrenato per salvare i peccatori dal commettere tali peccati. Un santo, lo dico per scherzo, ma alcune persone dell'epoca lo consideravano tale. Così come l'uomo che si è sacrificato per tutti gli altri. Aveva poteri apparentemente magici, doveva padroneggiare l'ipnotismo con il suo sguardo penetrante e la sua influenza nella famiglia imperiale russa era assoluta. La sua posizione di consigliere dello zar russo contribuì alla caduta degli zar.

In wikipedia si legge di lui.

"Rasputin non solo conquistò il favore della famiglia reale, ma anche gran parte dell'aristocrazia si arrese a lui. Ciò è dovuto principalmente al suo carisma personale. Per quanto si possa spiegare il carisma, il suo era il prodotto dei seguenti fattori: uno sguardo molto fisso e penetrante (aveva i capelli castani ma gli occhi azzurri molto chiari); un verbo facile e molto ambiguo (qualcuno ha detto che le sue frasi non erano mai composte da "soggetto, verbo e predicato", ma mancavano sempre di qualche elemento) che assomigliava a un oracolo. Aveva una grande attrazione per le donne basata, oltre che sul suo fisico e sul suo intuito, sulla conoscenza delle scritture e su una certa tradizione religiosa russa[1] che seguiva le pratiche orgiastiche come via verso Dio".

Aveva ben poco da essere sciocco. Aveva uno sguardo ipnotico, parlava in modo apocalittico con frasi che davano adito a diverse interpretazioni, aveva un corpo impressionante e per di più era uno scopatore che scopava come la via di Dio, quest'uomo aveva tutto!

Aveva l'imperatrice completamente rapita da lui e anche numerose cortigiane della corte imperiale dello zar. Le sue orge erano mitiche e la sua abilità sessuale leggendaria: si dice che avesse un cazzo di 33 centimetri che è stato conservato e si trova in un museo. La verità è che assomiglia a quella di un cavallo.

Ebbene, quest'uomo che ha avuto un'influenza decisiva sulla storia della Russia ha praticato il sesso sfrenato e ha conquistato numerose dame di corte. E anche se non si è mai lavato, il suo sguardo magnetico e i suoi presunti poteri mentali sono bastati a fare di lui un nome nella storia.

Era considerato un santo e un uomo illuminato.

Aveva una forza enorme e non potevano ucciderlo dandogli abbastanza veleno da uccidere un cavallo, lo colpirono con diversi colpi e anche in quel caso non cadde, ne afferrò uno e quasi lo uccise. Lo hanno colpito alla testa con una sbarra di ferro ed è caduto. Lo gettarono nel fiume gelido e rimase vivo per molto tempo.

Altro da wikipedia.

"Ai suoi tempi girava voce che fosse una persona licenziosa e che lo si vedesse spesso ubriaco e in compagnia di prostitute. Anche i rapporti con i suoi discepoli, le visite alle loro camere da letto, per lo più donne dell'alta società russa, erano controversi. Una delle sue massime era: "Bisogna commettere i peccati più gravi, perché Dio sarà più contento di perdonare i grandi peccatori".

Non era nemmeno morbido.

---

1.   https://es.wikipedia.org/wiki/Jlystý

Influencer.

Oggi c'è una moltitudine di donne la cui vita è dedicata alla superficialità e al denaro. Queste donne si dedicano ad apparire su internet sui loro social network preferiti e lì danno presunti consigli su bellezza, trucco, styling ecc. ecc.

Questi consigli, beh, possono essere leggermente utili o molto utili alle altre ragazze per renderle più belle e non ci sarebbe nulla di male in questo. Il problema è che queste ragazze, che spesso non fanno nemmeno questo e si limitano ad apparire sullo schermo saltellando, scuotendo il sedere o sussurrando in un microfono facendo rumori, l'unico vero merito che hanno è quello di essere sexy.

Se non ci fosse un intero esercito di migliaia e migliaia di sciocchi affamati e bavosi che ogni giorno li elogiano e li fanno sembrare così bravi, non farebbero così tanti soldi. Questi piacioni sono lì a lodarli non perché pensano di rimorchiare, non ci sperano nemmeno, sono lì solo per piacere, per essere simpatici, per averli lì così da potersi vantare - guarda che figo mi è piaciuto quello che ho postato.

Questi babbei fanno loro donazioni, gli sorridono e pensano di sedurli.

Queste donne fanno bene ad approfittare di questi poveri uomini, non contribuiscono molto al mondo ma danno speranza a chi le segue.

Quello che questi seguaci non sanno, o non vogliono sapere, o sanno e pensano che se lo meriti, è che queste donne sono ricche di soldi. Guadagnano da 5.000 euro per i meno fortunati, a 100.000 mila euro al mese per i più bravi, senza ovviamente fare nulla. Per quanto ne so, sono sicuro che alcuni di loro guadagnano molto di più.

Queste influencer sperperano i soldi che guadagnano in borse, vestiti e scarpe dai prezzi esorbitanti, sempre delle marche più costose, che non so nemmeno cosa siano. E mentre là fuori c'è gente che muore di fame, loro sperperano, vivono una vita di super lusso e credono che più lusso c'è, più sono persone migliori, più sono glamour, più sono dive, più contribuiscono a fare qualcosa di buono, a essere divini fino alla morte.

Ebbene, quello che tutti i loro seguaci non sanno questa volta è che dietro queste dive c'è un uomo che non solo le scopa selvaggiamente, ma le disprezza anche profondamente per tutta la loro superficialità. Quest'uomo gode di tutti i loro soldi, viene sostenuto e invitato a tutto e intrattenuto con regali costosi da loro. Questo è proprio l'unico uomo che non le ha stimate per niente e al quale si concedono come sciocche.

Nascosti dietro le dive e molto al di sopra di loro ci sono i grandi scopatori che sono l'apice di tutto. Come si sente quest'uomo? Sa che la ragazza che si sta scopando ha dieci milioni di follower disposti a tagliarsi un braccio, se necessario, per passare una notte con lei. Si piscia addosso dalle risate. Anche lui non è un ragazzo qualunque, è un ragazzo che va bene, ma né lui né lei sono così importanti come credono di essere.

Come ho detto molte volte, è tutta una questione di mente. Un uomo che vuole avere successo con le donne non dovrebbe mai seguire, né guardare, alcun video di queste donne. Dovrebbero essere disprezzati perché non lavorano, non contribuiscono alla società, il loro problema più grande è che il loro negozio ha chiuso e oggi non possono comprare un'altra borsa da 200.000 euro. Che sfiga!

Queste donne non andranno mai con un ragazzo povero, questo è il requisito più importante per uno scopatore, avere soldi. Deve anche essere di bell'aspetto, ma non è necessario che sia un adone, basta un bell'uomo. È anche molto importante che sia mentalmente in sintonia con loro, essendo un uomo che ama i lussi, le cose costose, un superficiale come loro e che pensa anche di essere il meglio del meglio a loro somiglianza. Ma il requisito più importante, dopo aver ricevuto questi complimenti, è quello di disprezzarli molto nella sua testa e poi di essere abbastanza gentile con loro nei suoi rapporti.

Questi stronzi le tradiscono e loro, che le credono divine e meritevoli di tutto, danno loro il miglior sesso di cui sono capaci, innamorandosi profondamente di loro. Si vantano dei loro fidanzati quando non l'hanno nemmeno detto chiaramente, li mettono al di sopra dei loro milioni di follower, ecco perché, perché disprezzano il loro lavoro, perché non lo sopportano, perché sembrano ridicole e parassite della società. Ecco perché questi uomini sono follemente innamorati di loro.

Se chi va con lei non la disprezza fortemente, allora dovrà necessariamente essere un multimilionario per poter sopportare lo stillicidio di denaro che lei spreca ogni giorno per il suo glamour. Perché anche se ha i soldi, non accetta che lui non la intrattenga. Penserà di essere la migliore, molto al di sopra di lui e lo spremerà il più possibile. In questo caso sarà lei a disprezzarlo.

Lo stronzo non solo risparmia queste spese immense, ma viene invitato a tutto, gli comprano auto sportive, orologi, vestiti costosi e, soprattutto, si innamorano di lui.

Il semplice miliardario che non si ritiene migliore di lei, che la rimprovera solo un po' a volte quando lei eccede nelle sue richieste, ma che la mette quasi sempre su un piedistallo, lei spesso lo odia e lo usa. È l'uomo più usato di tutti, perché tutte le donne che conquista non lo amano mai veramente, ma lo amano per i soldi. La sua testa vale più del denaro.

Navigare nelle acque
senza affondare.

Considero questo capitolo uno dei più importanti di questo libro, farò una similitudine cercando di spiegare cosa succede quando si esce con una donna.

Immaginiamo che la vita sia così, state galleggiando nel mare, prima o poi affonderete perché vi stancherete di fare sforzi per galleggiare, questo affondamento significherà che rinuncerete alla ricerca di ragazze attraenti e smetterete di uscire, o che non cercherete più di flirtare, o che andrete in depressione, o che getterete la spugna, o altro ancora. Concentriamoci sull'amore e sulle relazioni uomo-donna.

Ebbene, siete lì in mezzo all'oceano a galleggiare benissimo perché siete forti e potete restare a galla per molto tempo, questa è la vita, non affondare.

Le donne sono come sirene, sono sott'acqua e sono molto belle. Una di loro viene da te e con le sue canzoni ti rapisce, viene da te ed è di una bellezza mozzafiato. Tu e la sirena vi baciate. Non appartiene alla superficie, ma alle profondità dell'oceano e vi trascina sempre più in profondità. Lei può respirare in acqua, ma voi no.

Quando volete rendervi conto che ciò che prima era bello e luminoso ora è buio e tetro, dipendete totalmente da lei, perché è lei che vi passa l'ossigeno direttamente in bocca. Con i baci ti inebria e ti affonda.

Se volete separarvene, potete farlo, ma rimarrete nelle profondità dell'oceano e forse non riuscirete nemmeno a risalire in superficie, o non potrete farlo perché vi ha portato troppo in profondità.

È proprio questo che fanno le donne: ti portano in fondo all'oceano, ti portano via, ti fanno diventare uno sciocco con i loro baci e le loro delizie, e quando vuoi rendertene conto, sei così immerso nell'oceano del loro incantesimo che sei totalmente dipendente da loro. Lei ti rende bisognoso, dipendente, un uomo che, anche se cerca di lasciarla, non riesce più a cavarsela da solo, che non riesce a trovare la superficie.

La donna ti porta via dal mercato e ti affonda. Hai bisogno di lei per tutto, ti rende tenero e bisognoso. È così che accade nella realtà, ecco perché le rotture sono così dure, perché è difficile tornare in superficie e molti non ce la fanno più.

Ebbene, per non essere annegati, per non essere inghiottiti nelle torbide profondità del suo amore, per non dipendere da lei per il resto della vostra vita, dovete fare quanto segue. Avere diverse donne.

Ora torniamo nell'oceano, questa volta con le conoscenze e la tempra necessarie. Appare una bellissima sirena con una voce celestiale e una bellezza sublime, eccoci qua. Lei vi tira volentieri giù e voi scendete sorridendo, ma quando siete scesi un po', quel tanto che basta per aver goduto bene, la lasciate andare. Si torna a galla e si vedono altre sirene belle come questa. Prima non li vedevate perché eravate in profondità e sott'acqua non si vede bene. Ora devono venire in superficie per essere visti. Sanno che non si può, quindi si cimentano nella sfida di affondarvi. Ce ne sono già diversi.

Ne arriva un altro e tu ti ci butti dentro, non ti sottrai, un altro che vuole portarti in fondo. Questo tira più forte e noi lo lasciamo subito. Riemergiamo molto più facilmente di prima, ci sentiamo forti. Si stanno incazzando. Ne arriva un'altra e nemmeno questa ha successo, quando cerca di tirarti giù ti lasci andare di nuovo. Ce ne sono sempre di più, ne prendi un altro e non gli dai nemmeno una possibilità.

Così si cattura uno e l'altro, sempre molto vicino alla superficie. Controllo.

Quando ci si stufa di tutte queste sirene soffocanti, si torna in superficie per respirare, per essere se stessi, per essere indipendenti. Saranno lì vicino a voi a tentarvi, aspettando che gli diate l'opportunità di tirarvi sotto, e voi lo fate, ma reagite sempre in tempo.

A volte ci si immerge con due o tre persone alla volta. Uno tira da una parte, l'altro tira dall'altra e non vi affondano, perché le spinte di ciascuno sono in direzioni diverse e si annullano a vicenda. Solo quando uno tira si va giù dritti. Alternandoli, senza un chiaro favorito, non potranno tirarvi giù, saprete sempre come tornare in superficie.

Sempre più persone vi verranno incontro, cercando di affondarvi, di portarvi nelle loro profondità, man mano che si spargerà la voce che siete un trofeo difficile da catturare. Avrete molte ragazze che aspettano la loro occasione. Date loro una piccola parte di voi, imparate a immergervi e a vincere. Purché non ci si arrenda.

Il nuotatore debole, l'inesperto, lo prendono e lo lasciano così in profondità da annegare. I vecchi, gli stanchi, li attaccano e li soffocano. Con il potente nuotatore che sfugge sempre non possono.

È la nostra lotta per impedire che questo accada, per affondarci o per ritardarlo il più possibile. Il produttore di sesso è un titano di forza, ha un istinto di sopravvivenza bestiale e intere generazioni di sirene falliscono con lui. Così deve essere nella vita del flirt, così deve essere nella vita del duro, del produttore di sesso.

Alla fine si è esausti e ci si tira sotto, oppure si raggiunge un livello tale che non si riesce più a sopportarlo e si muore in superficie così felici.

Il paradosso della durezza.

Se siete così duri da non preoccuparvi affatto di loro, c'è un problema. Avrete delle ragazze, ma non le valorizzerete. Se siete morbidi, le ragazze non sono attratte da voi, ma voi le apprezzerete.

Se ti impegni così tanto, così tanto, così tanto, così tanto, da non preoccuparti davvero di loro, allora avrai un sacco di ragazze e, poiché non ti interessa, non sarai nemmeno impaziente di farlo. Perché ciò che non ci interessa, non lo aspettiamo con ansia. Quindi dobbiamo essere un po' meno duri di così, non fino al punto di non preoccuparci affatto di loro, ma fino a un punto vicino a questo. In questo caso, ottenerli ci darà una piccola soddisfazione. Se siamo morbidi, avranno molta importanza per noi e la soddisfazione che proveremo quando li otterremo sarà enorme, ma non ne otterremo nessuno, perché non ne attireremo nessuno e quindi non otterremo alcuna soddisfazione.

Per questo è necessario essere semplicemente duri o molto duri, senza arrivare alla durezza estrema.

Matematica pura.

Non sarà solo la soddisfazione di flirtare, ma il legame, l'autostima e la padronanza della relazione.

Essere un po' morbidi non significa essere un po' duri, tutt'altro.

La schiavitù aggiunge -10

La maestria aggiunge +10

L'autostima si aggiunge a +10

Il morbido se per miracolo la sua schiavitù fosse -10, quindi il suo punteggio sarebbe -20.

Il problema è che, essendo un po' molli, avrete molti fallimenti e delusioni e quando otterrete i vostri pochi successi li apprezzerete molto e ne sarete schiacciati. Perderete anche l'autostima a causa dei vostri precedenti fallimenti e questo è uno schifo. Andrete direttamente in pensione e in schiavitù.

Tuttavia, facendo il duro otterrete molte ragazze, non vi ammorbidirete, otterrete anche qualche soddisfazione, dominerete e avrete sempre delle opzioni, non valorizzandole quasi per niente e la vostra autostima salirà alle stelle.

La matematica non inganna.

Più ci avviciniamo allo zero nella nostra valutazione, meglio è. Da 0,5 a 2, non ci sono più segni.

Smantellare la sua
bellezza effimera.

Le donne raggiungono un livello molto alto in termini di bellezza, ma poi hanno il problema di cadere molto più degli uomini. Ecco perché la perdita di bellezza in età avanzata è enorme. Ci sono ragazze che sono carine a vent'anni e a volte prima dei 40 sono già grasse e brutte. Le persone, sia uomini che donne, che mantengono il concetto di bellezza nella loro testa, rimangono belle fino a un'età molto avanzata, persino per tutta la vita. All'età di 80 anni sono anche belli.

Ci sono donne che a 60 anni sono bellissime e anche a 70 hanno ancora un bell'aspetto, perché tutto dipende dal loro concetto di sé. Una donna che ha un buon concetto di sé si prende cura di sé e si sforza di rimanere bella e ci riesce. Ecco perché se state con una ragazza e volete sapere come sarà in futuro, guardate quanto si prende cura di se stessa e guardate anche la sua genetica, le sue sorelle, i suoi genitori. In generale, le ragazze sexy scendono molto meno delle ragazze normali. A volte si verificano delle cadute tremende che non possono essere previste, ma in genere la ragazza sexy rimarrà tale finché manterrà il suo concetto di ragazza sexy nella sua testa.

Confrontarsi con gli abusi.

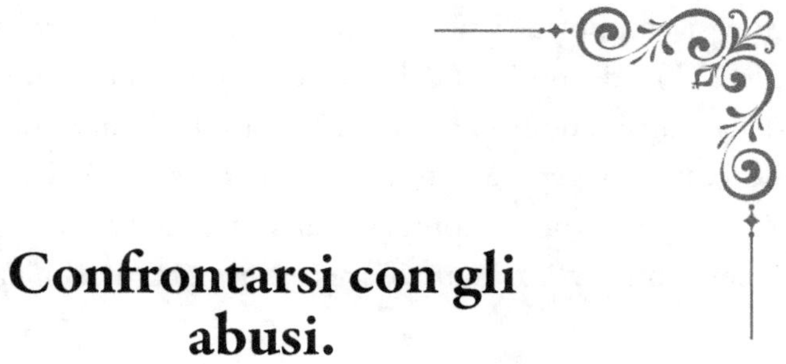

Un vero duro pratica l'arte di dire no. Questa parola è la parola magica, quella che vi salva dalla schiavitù e vi permette di ottenere la vita che desiderate.

Se dite di no a loro sarete rispettati e quando direte qualcosa vi risponderanno di sì. Si tratta di questo: loro dicono sì e voi dite no. Dovete fermarli e non fare tutto quello che vogliono. Bisogna fermarli e non fare tutto quello che vogliono. Useremo il no, più lo useremo più ci apprezzeranno e ci rispetteranno. Poi, per riconquistare il nostro favore, diranno di sì molto di più a quello che gli diciamo.

Non siamo qui per servirli in tutto e per tutto, in generale facciamo quello che vogliamo e se facciamo qualcosa per loro succederà perché piace anche a noi. Questo "no" deve essere usato in modo strategico.

Quando una donna sente un no, sa che dietro quella parola c'è un uomo di grande valore.

Un vero duro punisce qualsiasi abuso fatto da una qualsiasi delle ragazze con cui si trova, sia quelle che fanno parte della triade sia quelle che sono candidate ad entrarvi. Questa abbondanza vi dà il potere e vi permette di metterla da parte punita se si comporta in modo non gradito. Chiameremo gli altri.

Non abbiamo paura di nessuno di loro, anche se sono i più belli o i migliori scopatori, perché non ne abbiamo bisogno. Ne abbiamo altre, e se nessuna di quelle che abbiamo è migliore, tra tutte lo sono, e se non lo sono, sappiamo di poterne trovare altre migliori di lei. Se non si comporta bene, la eliminiamo dalla nostra vita senza alcuna pietà. Molti uomini medievali e uomini che vivono nella mentalità della scarsità, uomini che hanno una sola donna e devono sopportare i suoi capricci, perché non hanno altre possibilità, lo hanno già fatto.

Un seduttore si compiace di se stesso, va con chi vuole, tradisce, mente, imbroglia e fa tutto il necessario per massimizzare il suo piacere.

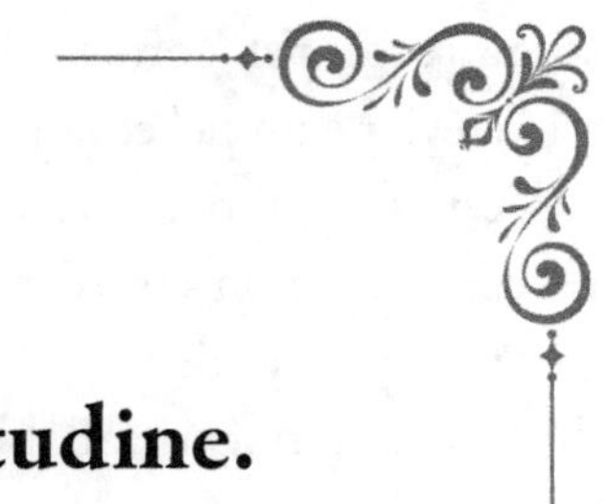

Arricchire la solitudine.

Per essere un duro dovete anche coltivare l'amore per la solitudine, che vi permetterà di stare bene anche quando tutti quelli con cui state sono diventati dei rompiscatole. Non dimentichiamo che può succedere anche questo, può succedere che uno sia lontano, che l'altro sia malato, che un altro sia molto sgradevole per la sua gelosia o altro.

Può succedere e succede che siano con altri, ma non dovete preoccuparvi troppo di questo, perché non gli date l'esclusiva e nemmeno loro ve la danno.

A volte ci sono momenti difficili, e se è brutto averne tre o quattro fissi e altrettante variabili, come sarà sopportarne uno solo?

Il punto è che dovete avere degli hobby, che vi divertano e vi intrattengano sia mentalmente che fisicamente. Ad esempio, fare sport, andare in gita da soli, fare escursioni o altro. Bisogna incoraggiare il gusto di fare le cose da soli. È quindi consigliabile fare un viaggio da soli, uscire di notte da soli o fare qualsiasi cosa da soli. Essere soli rende molto più facile incontrare persone, perché sembra che le persone facciano fatica a vederti da solo e vogliono integrarti con loro in modo che tu non sia solo, pensando "poverino è solo!". In questo modo vi sarà più facile rimorchiare le persone.

Un altro grande hobby che dovreste coltivare è quello di uscire, divertirvi e flirtare, se rimanete per sempre con quelli che avete finiranno per rovinarsi proprio come si rovinano le relazioni serie. Per questo motivo non si può mai interrompere la produzione e si dovrebbe dare la preferenza ai nuovi arrivati rispetto a quelli che già si hanno, soprattutto per conoscerli. In seguito, se non supera il livello della triade, viene un po' emarginata o espulsa.

Questo vi permetterà di essere duri anche con loro. Devono percepire di non essere gli unici e questo li porterà a raddoppiare gli sforzi per conquistarvi. Sanno che sei un tipo tosto, che non le vai dietro e che non ti fai abbindolare dalle sue stronzate. Quindi, se gli piacete davvero, cambieranno il loro comportamento per tenervi. Ti piaci e ogni giorno vai con chi vuoi e te la senti, se gli altri vogliono vederti ma tu non te la senti li lasci nel dimenticatoio e quando riappari si arrabbiano, ma molto presto saranno felici di rivederti.

Abbiate anche voi degli amici, coltivate degli hobby, uscite da sole per incontrare altre ragazze, viaggiate da sole, rendetevi difficili da vedere.

Sessualizzandoli nella vostra valutazione.

È importante non guardare mai al loro lato sessuale. Questo vi indebolisce e vi fa commettere errori per bisogno sessuale, il che spaventa le ragazze. Quando andate a un appuntamento con una nuova ragazza, andate rilassati e ben scopati, questo vi permetterà di essere irriverenti e divertenti come se non steste giocando a nulla. Se non siete sazi, almeno siate divertenti e guardatela come un essere asessuato senza tette o culo, come una sorellina con cui volete divertirvi e divertirvi. Questo atteggiamento indifferente al suo fascino vi darà potere. Vorrà conquistarvi perché non vuole che nessuno rimanga indenne dal suo incantesimo.

Al contrario, quella che deve diventare sessuale e calda è lei, con la tua muscolatura, con il tuo petto da maschio alfa, con il tuo portamento, con il tuo linguaggio del corpo sicuro, con il tuo atteggiamento spensierato nel flirtare, il tuo verbo facile, il tuo stato pletorico senza alcun bisogno sessuale, il tuo stato divertente; insomma, è lei che deve cadere arresa al tuo fascino, quella che deve farsi intenerire e quella che deve volerti vedere.

Ogni volta che vedete una persona nuova, lasciate passare un po' di tempo e non chiamate o mandate messaggi subito dopo. Il messaggio che dovete trasmettere è che avete una vita piena senza di lei. Questo si ottiene mostrando poca voglia di incontrarsi, sarete sempre occupati. Dovreste dire cose del tipo: "Parliamo", "Vediamo se posso" e "Ci sentiamo", e dare loro il benservito. Non offrite mai e poi mai una facile disponibilità. Questo è fondamentale ed è la manifestazione più potente che vedono della vostra durezza interiore.

Nessuno di loro è indispensabile, né la triade, né alcuno di loro, sono tutti a rischio di essere scambiati con uno migliore.

Una volta baciati dovete indurli a uno stato sessuale e riscaldarli in modo che siano loro a volervi portare a letto, ebbene in questo caso saremo un po' più semplici e li aiuteremo. Qui notiamo davvero il suo fascino sessuale e andiamo subito a letto con lei con totale sfrontatezza.

Baciarsi appassionatamente, toccarsi e persino parlare di sesso fa venire voglia di scopare.

Se una donna dice di scopare per qualsiasi motivo, lo vuole. Si scopa molto facilmente.

Non chiamateli cari, churri, amor, o cose di formaggio, chiamateli monstruito.

Razionalizzazione totale delle vostre relazioni.

Ogni relazione che avete con una ragazza, dovete razionalizzarla in modo esaustivo proprio come fanno loro. È necessario fare una sorta di registrazione mentale: altezza, capelli, peso, carnagione, potenza sessuale intuita, personalità, hobby, età, comportamento. Soprattutto, dovete mettervi dal suo punto di vista e capirla dall'interno, cioè sapere cosa la motiva e cosa le piace, le sue debolezze e i suoi punti di forza. Ascolteremo attentamente ciò che ci dice per capire quali sono le cose che la entusiasmano e che le piacciono davvero.

Dovremmo incoraggiare queste attività o cose in noi stessi, in modo che lei abbia voglia di stare con noi. In questo modo le diremo che abbiamo voglia di fare la tal cosa che sappiamo che le piace, a patto che piaccia anche a noi.

Dobbiamo capire come pensa e come si sente. Chiedetele di cose che le sono successe o che sono importanti per lei, ad esempio se ha un cane le chiederemo di parlarne, se sua madre è in ospedale le chiederemo di lei. Queste cose non ci costano nulla e non servono a compiacerla, ma semplicemente a interessarsi a lei, a creare un legame e a darci quel tocco di uomo che, anche se a prima vista è chiaro che è malizioso e civettuolo, è anche buono e ci tiene a lei.

Non eccessivamente, perché a questo servono i trovatori medievali, ma un po'.

Bisogna calibrare e sapere quando essere più maliziosi o quando creare un legame maggiore.

Quello che va in giro tutto il giorno a fare il furfante è un po' stancante. A volte ci trasformiamo in altre cose a nostro piacimento. Il flirt è un mago che può essere tutto ciò che vuole in modo credibile. Non è consigliabile cambiare troppo la propria personalità, solo in alcuni casi in cui si ritiene che sia molto vantaggioso.

Penseremo a ciò che possiamo aspettarci da esso e non ci faremo illusioni su nessuno di essi. L'unica cosa che ci aspettiamo con certezza è una perdita futura e la prenderemo come parte del gioco. Non ci affezioneremo mai troppo a nessuno di loro.

Dall'attaccamento nasce la paura, dalla paura nascono il dolore e la sofferenza.

Colui che vive senza paura e quindi senza dolore.

Le ragazze vanno e vengono, camminano a loro piacimento, sono volubili e a volte infide. Non potete aspettarvi molto da loro, se siete così freddi e distaccati non possono farvi del male.

Chi non li apprezza troppo non si rallegra troppo di averli ottenuti, né si addolora troppo per la loro perdita.

Una donna che se ne va è un problema perso e un'opportunità che si avvicina per incontrarne una migliore.

Non concentriamo la nostra vita solo sulle donne, perché questo ci rende dipendenti, ma cerchiamo di avere altre cose che ci soddisfino. Non diamo loro il potere su di noi.

Le donne sono spesso un bisogno vitale a causa del desiderio sessuale, non andate con loro solo per questo, dovrebbero essere persone che portano cose, non ingoiare per ottenere qualcosa.

Il potere sulla vostra vita è vostro, non loro.

Colui che controlla la propria vita legherà le donne. Chi li mette al centro della propria vita li fa fuggire da lui. Il seduttore li conquista, ma nessuno di loro è il centro della sua vita, il centro della sua vita è lui e il suo egoismo. Essere inutile, duro come l'acciaio e freddo come il ghiaccio.

Non aspettatevi molto da loro. L'amore, se si può evitare. Vivendo in modo duro e freddo in termini di aspettative, vi sorprenderanno con più di quanto vi aspettavate e non rimarrete delusi.

Vedeva che tutti i piacioni venivano puniti e che i duri dentro e gli affascinanti fuori erano sempre richiesti e ben trattati.

La vita di un donnaiolo è la migliore del mondo.

Fedeltà alle brave ragazze.

Le brave ragazze che incontriamo diventano fedeli attraverso le seguenti attività:

- Escursioni e passeggiate insieme.
- Portateli in luoghi sconosciuti e fantastici.
- Mettete della buona musica per loro.
- Farli ridere con le nostre storie.
- Essere allegri e spensierati e trasmettere questa gioia di vivere.
- Sorprendeteli con attività sorprendenti e inaspettate, che piacciano a loro e a noi.
- Baciateli e lasciateli in trance.
- Falli eccitare baciandoli e toccandoli in luoghi eccitanti, in mezzo alla natura o in un posto dove c'è il rischio di essere visti.
- Indossateli per una festa.
- Parlare di argomenti divertenti.
- Invitarli a casa nostra per cena, per esempio, e chi dice che la cena significa scopare dopo.
- Scopare come un attore porno finché loro o voi non ne potete più. È essenziale.
- Andate a casa loro e godetevi le cose che hanno da offrire.
- Portategli cose, video musicali, documentari, canzoni, luoghi che conoscete, attività piacevoli.

Non è necessario spendere soldi per loro o almeno molti soldi. Non dovete invitarli, ma dovete posizionarvi nella loro mente come una persona speciale, che li fa divertire e che è molto bella da vedere e attraente.

Quando sei con una ragazza devi sempre ricordare che non sei solo un fisico, sei un fisico potente, ma quello che è più potente è il tuo comportamento e tutto il conglomerato di conoscenze e risorse che hai che le regalano grandi momenti.

Bisogna fare cose che si ricordano, per esempio una volta ricordo di averne catturata una di notte e di averla portata a casa mia a dormire con me. Ma invece di andare subito a letto a scopare, l'ho portata in un castello in rovina alle quattro del mattino. Era un po' spaventoso e ci siamo fatti una bella canna lì, ridendo a crepapelle tra le rovine del castello, poi lei è tornata a casa e mi ha scopato di brutto.

Potete andare con lei in un luogo solitario e svegliarvi ascoltando la musica rilassante, o limonare in macchina su una montagna, ad esempio, cose un po' fuori dal comune per non essere solo uno di loro.

Bisogna essere imprevedibili e inventare sempre cose interessanti, festose e giocose. Ad esempio, fare il bagno di notte con lei sulla spiaggia, salire su una montagna e bere qualcosa lì e, perché no, dormire in una tenda o su una spiaggia o qualsiasi altra mezza follia vi venga in mente, siate originali.

La cosa più importante è che si divertano, che ridano e che vi vedano come una persona di grande conoscenza e saggezza che sa come vivere meravigliosamente la propria vita. Con tutto questo fate in modo che vogliano sempre stare con voi perché portate loro gioia, divertimento, ottimo sesso e un po' d'amore, insomma, bei momenti.

Un uomo duro regala momenti speciali alle donne.

Non fatevi mai vedere bisognosi di sesso, questo li spaventa, siate spensierati, fluidi, ma quando è il momento di andare a letto con loro, sorprendeteli scopando come un attore porno, come un Rocco scatenato.

Le ragazze sono affascinate e fedeli quando si combina l'essere un po' una brava persona con tutto il divertimento e l'allegria della festa.

Quando le scopate, le scopate selvaggiamente, senza preoccupazioni, come un dominatore esigente e porno. Gli dici cose sporche e li sottoponi a colpi di cazzo. Li mettete in difficoltà. Superate le loro aspettative.

Se avete dei problemi, vi aiuteranno, anche economicamente, perché vi adorano e si divertono molto con voi. Bisogna sempre accettare il loro invito, la donna deve investire su di noi, tempo, denaro, dedizione, attenzione. Quanto più investe in noi, tanto più ne sarà attratta. Non parlo di soldi, ma di donarsi.

Non puoi rilassarti, per questo devi continuare a uscire per conoscere nuove ragazze e inserirle nel tuo gruppo porno selezionato, dove ci sono le ragazze più simpatiche, quelle che danno meno problemi, quelle che offrono le prestazioni migliori e quelle con cui ci piace di più stare.

Metodo per bandire la morbidezza.

Le mollezze si combattono con la mentalità dell'abbondanza, con la bassa valutazione di esse, con la vita piena senza di esse, con il concetto di sé come premio, con gli hobby e gli amici e con la solitudine arricchente.

A volte potete essere molto diretti e dire che la amate e che è meravigliosa, se questo viene da dentro di voi e lo fate in modo divertente e non romantico. In realtà, in questo caso, ciò che dite non sarà affatto tenero, perché presto combinerete le cose smielate che le dite con azioni o comportamenti divertenti che le smentiscono completamente. Devono vedere un uomo di altissimo valore che è ambito e desiderato da molti, e anche se sanno che siete con molti, vi vorranno lo stesso.

Una delle cose che sento più spesso come un grande complimento per me è che dicono che sono diretta e non mento. È vero, perché non mi camuffo molto e mi mostro come sono spudorata e affascinante, non prometto fedeltà al mio fianco e loro lo accettano e addirittura lo apprezzano.

Le vostre durezze non solo non sono dannose per voi, ma sono molto redditizie. Le difficoltà pagano, vengono ricompensate, aumentano il vostro valore e il vostro status.

Non è necessario fare sempre il duro, ma solo quando è necessario. Affinché possiate fare tutte le durezze che volete con piacere e senza rimpianti, dovete essere una persona che pensa a se stessa e al suo piacere prima di tutto.

Quindi, se hai voglia di fare qualcosa, la fai e non vedi qualcuno che devi incontrare, oppure fai quello che vuoi. Questo li farà arrabbiare un po', ma darà anche i suoi frutti. Vi vedranno come un bastardo e un mascalzone e si impegneranno di più per tenervi, si impegneranno di più per essere più gentili, più divertenti, più sessuali, e vi daranno più sesso e sesso migliore. Chi è duro e divertente ha molto e ha tutto.

Il metodo che elimina la morbidezza.

Visualizzate la ragazza che volete rimorchiare.

Visualizzate come ha rovinato la vita di piacevoli sciocchi che l'hanno corteggiata. Immaginate tutto bene. Come li ha respinti, come sono stati fregati per averla cercata, per essersi innamorati nel momento sbagliato. Molti piansero per il suo disprezzo, altri per la loro perdita. Altri li ha amareggiati con lamentele ingiustificate o li ha resi schiavi. Questo che avete immaginato è altrettanto reale o molto peggio. Ora siete a rischio, potreste essere la sua prossima vittima. State in guardia.

Rendetevi conto che ora avete l'opportunità di mettere le cose a posto, di dargli la sua medicina, di punire il minimo errore o le cose che vi fa e che non vi piacciono. Ora sei simpatico e divertente all'esterno, ma un giusto bastardo all'interno. Ora, se non si comporta bene con voi, subirà la vostra tremenda durezza, la vostra indifferenza, il vostro disprezzo. Ora potete e dovete vendicare tutto il male che ha fatto a tutti quei poveri uomini. Almeno punirlo. Ora è nelle vostre mani, ora avete il fottuto potere. Usatelo senza pietà se le circostanze lo richiedono.

È una vergogna soffrire per le donne, lasciatele soffrire!

I fruitori.

Nell'antichità ci sono sempre stati dei livelli, c'era chi aveva una moglie e doveva accontentarsi di quella, e c'era chi non aveva nemmeno una donna perché era di una classe sociale molto bassa. Così c'è sempre stato chi è stato gonfio per stare con le donne e gli sono uscite dalle orecchie e chi ne è stato privo.

Nell'antica Roma vi si tenevano orge, non per la povera gente del villaggio ma per l'alta società, senatori, ricchi, proprietari terrieri. È lì che si eccitano. Le élite hanno sempre avuto le donne e i piaceri.

Nel Medioevo, poi, il feudatario aveva il diritto di pernada, che gli consentiva di andare a letto con qualsiasi donna nelle sue terre il giorno del suo matrimonio. Era come se il marito, prima di poterne godere, dovesse passare per le mani del signore. Aveva anche tutto il potere e la ricchezza, e le donne spesso andavano a letto con lui per migliorare il loro status.

Alcuni si sono divertiti come bastardi e altri hanno sofferto le difficoltà. Poi i ricchi sono stati quelli che hanno beneficiato di più e a cui sono andate le belle donne. Altri grandi beneficiari sono stati i seduttori che hanno conquistato le donne per i nostri meriti. Le rockstar sono state altri personaggi fantastici che hanno fatto impazzire centinaia di donne per la loro musica e che sono andate a letto con tutte, così come le celebrità e così via.

Quello che si può fare è essere un goditore e uscire dalla matrice convenzionale. Rinuncia, come ho fatto io e come hanno fatto molti seduttori, ad avere una moglie e dei figli, a sposarsi e a tutto il resto.

Sarete nel gruppo dei goditori o in quello dei trovatori medievali?

Coltivate il vostro carisma e la vostra attrattiva e vivete tutta la vostra vita di festa in festa e di donna in donna. È molto più difficile sopportare una sola moglie per tutta la vita che un continuo cambiamento di donne e tutto quello che ti portano per tutta la vita.

Divertitevi.

Siate il padrone dell'harem, il padrone dell'orgia, il signore feudale, l'imperatore romano, la celebrità, la rockstar, il seduttore appassionato. Un successore di Casanova, uno scopatore e un vivido scopatore.

Non siate lo scemo del villaggio, l'amante tenero, il disprezzato, il sofferente, colui che scrive poesie, colui che le loda, l'orsacchiotto, lo sciocco che vede come uno dopo l'altro i suoi cari vengono sedotti da affascinanti furfanti. La vita è difficile, non complicatela con stupide idealizzazioni.

Un duro è un uomo che ha sofferto molto e l'ha superato. È un uomo che ha imparato la strada giusta, un uomo che ora si diverte, un uomo con potere. Un uomo di potere. Che si fotta il trovatore medievale e la sua fottuta lira! Che modo di rendersi ridicolo!

Avete mai visto una donna scrivere poesie al suo amore? Non l'hai fatto e non lo farai. Sono freddi e duri a causa di millenni di evoluzione. Dobbiamo lottare e sforzarci costantemente per non mostrare alcun accenno di mollezza.

Una volta uno di loro mi ha chiesto di un mio ex.

Ho risposto

-Non è mai stata scopata così bene in tutta la sua vita!

Sono spesso cattivi, sempre freddi, veramente distaccati, calcolatori, insensibili al male che fanno, a volte perfidi e vendicativi. Se ti offri nella carne facendo il bravo ragazzo senza malizia, amando, ti spelleranno vivo. Seguite il mio consiglio e farete molto, molto meglio.

La storia di uno stronzo.

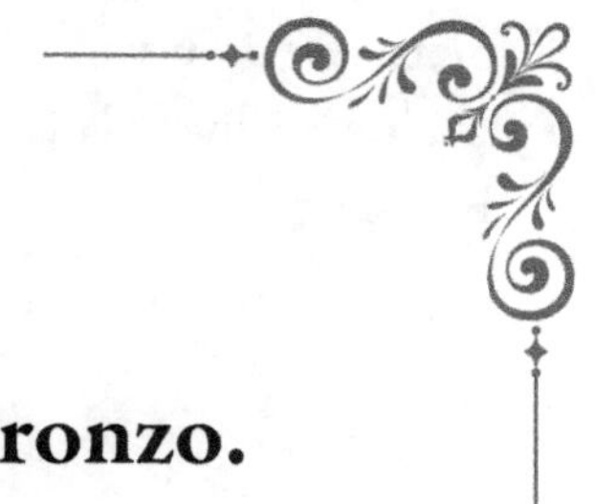

Per finire racconterò la storia di uno stronzo. Un uruguaiano del cazzo. Quest'uomo ha una certa età, ha 63 anni e stava praticando uno sport molto interessante chiamato scopare.

In particolare, si scopava una ragazza sexy di 20 anni più giovane di lui. E così continuò, così forte e così appassionatamente che quando si alzò dalla scopata svenne e cadde a terra. Non riusciva quasi a parlare, la ragazza si è spaventata e ha chiamato il pronto soccorso, che è arrivato e lo ha portato in ospedale. Ha avuto un ictus. È stato causato da uno sforzo eccessivo dovuto a tutte quelle scopate.

Si è ripreso e lì continua a sedurre fino alla morte.

Se fosse morto in quel momento sarebbe stata una morte onorevole.

Noi uomini diamo il massimo e rischiamo la vita per un po' di piacere in più. Insomma, che ci tolgano la cosa ballata. Cordiali saluti, amico mio.

Tutti i duri amanti del divertimento hanno molte donne. Non fatevi ingannare dalla storia d'amore. Non vogliono che vi divertiate. Il potere è dentro di voi. È sufficiente scatenarla. Per potenziarsi al massimo e flirtare come una rock and roll star ho scritto "Jd absolute seduction". Lo consiglio.

Spero che questo libro vi abbia aiutato a capire che dovete diventare duri, non basta provarci, dovete diventarlo, essere immuni al loro fascino, vedere il loro lato oscuro.

Siate severi, ma non troppo. Se lo fate, potrete avere le ragazze che vi piacciono e vivere la vostra vita nel modo in cui volete.

E così sia!

Giochiamo!

Don't miss out!

Visit the website below and you can sign up to receive emails whenever John Danen publishes a new book. There's no charge and no obligation.

https://books2read.com/r/B-A-FUKJ-XETEC

BOOKS 2 READ

Connecting independent readers to independent writers.

Did you love *L'arte della Durezza*? Then you should read *Ragazze Complicate*[1] by John Danen!

Le ragazze complicate esistono e sono un problema reale. Flirtare con le ragazze normali è abbastanza facile, ma quando ci si imbatte in una di queste ragazze complicate, è molto fastidioso. La prima cosa da fare è identificarla, poi cercare di ridurre al minimo i danni che vi arreca e, se non ci riuscite, eliminarla. Si va in cerca di divertimento e si trovano problemi; nessuno è al sicuro. Le ragazze complicate esistono e sono un problema reale. Flirtare con le ragazze normali è abbastanza facile, ma quando ci si imbatte in una di queste ragazze complicate, è molto fastidioso. La prima cosa da fare è identificarla, poi cercare di ridurre al minimo i danni che vi arreca e, se non ci riuscite, eliminarla. Si va in cerca di divertimento e si trovano problemi da cui nessuno è al sicuro. Si

---

1. https://books2read.com/u/b5jJow

2. https://books2read.com/u/b5jJow

rimane impigliati in queste trappole. In questo libro propongo una serie
di azioni che vi permetteranno di uscire da queste relazioni tossiche

Also by John Danen

Seduction 5.0
S.A.X.
Chicas complicadas
Seducción 5.0
El libro del tonto
Macho Alpha
Macho alpha extracto
La seducción después de la pandemia
Terriblemente atractivo
Seducción 5.1
Sedução 5.1
How to be Cool and Attractive
Sedução. Avançada. X.
Garotas complicadas
¡Basta de ser buen chico! Sé un chico malo.
El método JD. El método de seducción de John Danen
El arte de agradarte a ti mismo
¡Basta ya de abusos! ¡Defiéndete!
Enought with the abuse! Defend yourself!
Máster en seducción
Las mujeres. El amor. Y el sexo.
Supera la dependencia emocional
Atrae mujeres con masculinidad
JD Absoluta seducción
El fracaso del amor

Entender a las mujeres
La vida del seductor sinvergüenza y encantador.
El arte de la dureza
Terrivelmente atraente
Deixe de ser um bom da fita! Seja um mauzão.
Superar a dependência emocional
A arte de se agradar
Pare o abuso! Defenda-se!
O fracasso do amor.
O método JD
Overcome Emotional Dependency
Stop Being a Good Boy! Be a Bad Boy
Complicated girls
The Art of Pleasing Yourself
Duro y Sinvergüenza
Mestre en sedução
JD Method
The Failure of Love. The Trap of Serious Relationships
Master in Seduction
A. S. X. Advanced. Seduction. X
Women. Love. Sex
Alpha Male
Attract Women with Masculinity
JD Absolut Seductión
Understanding Women
The Life of the Shameless and Charming Seducer.
The Art of Toughness
Tough and Shameless
Überwindung der Emotionalen Abhängigkeit
Maître en séduction
Schrecklich Attraktiv
Surmonter la Dépendance Émotionnelle
L'art de la dureté

Die Kunst der Zähigkeit

Hör auf, ein guter Junge zu sein, sei ein böser Junge

Assez D'être un Bon Garçon ! Sois un Mauvais Garçon.

Die Kunst, sich Selbst zu Gefallen

Dur et sans Vergogne

Hart im Nehmen und Schamlos

L'art de se Plaire à soi-Même

Das Scheitern der Liebe

L'échec de L'amour.

Meister der Verführung

Die JD-Methode

Maestro di Seduzione

Terriblement Attrayant

La Méthode JD

Capire le donne

Compreendendo as Mulheres

Comprendre les Femmes

Die Frauen Verstehen

Les Filles Compliquées

Komplizierte Mädchen

JD Séduction Absolue

La Vie du Séducteur Charmant et sans Vergogne

Les Femmes. L'amour. Et le Sexe.

Mâle Alpha

S.A.X.

V.F.X.

Donne. Amore. E il sesso.

Ragazze Complicate

Superare la Dipendenza Emotiva

Seduzione. Avanzata. X.

Dark Seducción

Il Fallimento Dell'amore.

Il Metodo JD

Alphamännchen
Atrair Mulheres com Masculinidade
Attirare le donne con la Mascolinità
Attirer les Femmes par la Masculinité
Mit Männlichkeit Frauen Anziehen
Frauen. Liebe. Und Sex.
L'arte di Piacere a se Stessi
Mulheres. Amor. E Sexo.
JD Seduzione Assoluta
Перестань быть хорошим мальчиком! Будь плохим мальчиком.
JD Absolute Verführung
JD Sedução Absoluta
Das Leben des charmanten, schamlosen Verführers
Smettila di Fare il Bravo Ragazzo! Essere un Cattivo Ragazzo.
La Vita del Seduttore Affascinante e Spudorato
A Vida do Sedutor Encantador e sem Vergonha
Macho Alfa
Uomo Alfa
Séduction 5.0
Verführung 5.0
Seduzione 5.0
Duro e Senza Vergogna
Duro e Sem Vergonha
L'arte della Durezza

About the Author

Español.

Soy un hombre vividor y divertido que busca el lado bueno de las cosas siempre.

Mi experiencia es el campo de las relaciones personales y de la seducción. Por eso tras dedicarme larguísimas décadas a ello, quiero trasmitir mis conocimientos. Para que las nuevas generaciones tengan unos conceptos que les den una ventaja competitiva sostenible y poderosa en el campo del amor.

Quiero ayudarte a a conseguir tus metas.

Portugués.

Sou um homem animado, e divertido, que sempre procura o lado bom das coisas.

Minha experiência está no campo das relações pessoais e da sedução. É por isso que, após décadas de dedicação a ela, quero transmitir meus conhecimentos.

Quero ajudá-los a alcançar seus objetivos.

Inglés

I am a lively and fun man, who always looks for the good side of things.

My experience is in the field of personal relationships and seduction. That is why, after decades of dedicating myself to it, I want to pass on my knowledge. So that the new generations have concepts that give them a sustainable and powerful competitive advantage in the field of love.

I want to help you achieve your goals

Français Je suis un homme vif et drôle qui cherche toujours le bon côté des choses.

Mon expérience se situe dans le domaine des relations personnelles et de la séduction. C'est pourquoi, après m'y être consacré pendant des décennies, je veux transmettre mes connaissances. Pour que les nouvelles générations disposent de concepts qui leur donnent un avantage concurrentiel durable et puissant dans le domaine de l'amour.

Je veux vous aider à atteindre vos objectifs.